몽테스키외,
무법자가 되다

탐 철학 소설 23

몽테스키외, 무법자가 되다

초판 인쇄	2015년 11월 5일
초판 발행	2015년 11월 9일

지은이	박민미

책임편집	신정선
편집장	윤정현
마케팅	강백산, 이은영, 김가연
디자인	땡스북스 스튜디오, 유민경
표지 일러스트	박근용

펴낸이	이재일
펴낸곳	토토북

주소 04034 서울시 마포구 양화로11길 18 3층 (서교동, 원오빌딩)
전화 02-332-6255 | 팩스 02-332-6286
홈페이지 www.totobook.com | 전자우편 totobooks@hanmail.net
출판등록 2002년 5월 30일 제10-2394호
ISBN 978-89-6496-283-1 44100
ISBN 978-89-6496-136-0 44100 (세트)

● 탐은 토토북의 청소년 출판 전문 브랜드입니다.

몽테스키외,
무법자가 되다

박민미
지음

23

탐
철학
소설

티
ㅁ

차례

'자유는 주어지는 것인가, 아니면 싸워서 획득해야 하는 것인가?',
'법에 복종하지 않는 행동도 이성적인 행동일 수 있는가?', '국가는
개인의 적인가?', '권력 남용은 불가피한 것인가?'

위는 프랑스의 대학 입학 자격 시험인 '바칼로레아'의 철학 문제입니
다. 나라면 이렇게 쓸 것이다, 하는 생각이 떠오르는지요? 철학 문제
는 세 개의 주제가 출제되며 그중 하나를 택해 네 시간 동안 논술 형
태로 시험을 봅니다. 위와 같은 문제를 고등학교를 졸업하는 학생이
진지하게 논술합니다. 자신의 확고한 견해를 정확한 프랑스어 문장으
로 표현할 수 있어야 하지요.

사람은 살면서 끊임없이 현실의 여러 문제에 부딪힙니다. 생각의
기준을 갖고 있지 않으면 닥쳐오는 문제 앞에서 결단을 내리고 극복
할 수 있는 현명한 대안을 내놓지 못한 채 다른 사람의 눈치를 보거
나 어른이 내려 준 결론을 앵무새처럼 되뇔 수밖에 없습니다. 그래서

프랑스의 바칼로레아 시험이 우리 학생들에게도 시사하는 바가 큰 것 같습니다. 우리처럼 주어진 선택지 속에서 답을 찾는 것이 아니라, 스스로 문제에 대한 해결책을 구성해 가는 연습을 해 온 친구들이라면 삶의 문제도 스스로 잘 헤쳐 나갈 수 있을 테지요.

제가 한 권의 책을 여러분에게 보태는 이유는 하나의 사고 실험을 통해 우리 인간이 어떤 존재인가를 한번 생각해 보고 싶어서입니다. 사실 우리는 잘 먹고 잘 사는 것이 꿈인 존재입니다. 왜 이렇게 열심히 공부하는지, 왜 이렇게 땀 흘리며 움직이는지 물으면 대체로 잘 살기 위해서라고 말할 것입니다. 그런데 잘 산다는 것은 단지 물질적인 풍요만을 뜻하지는 않는 것 같습니다. 그래서 사람들을 물질적으로 풍요롭고 육체적으로 건강하고 지식 면에서도 모자람 없이 해 주는 독재자가 지배하는 사회를 상상해 보았습니다. 모든 것이 풍요로운데 그런 조건을 해결해 주는 정치 지도자가 독재자라면 여러분은 이런 삶을 택할까요?

아마 아직 청소년기를 보내고 있는 친구들에게 법은 잘 와 닿지 않는 주제 영역일 것입니다. 그래서 법과 독재를 몸으로 느끼게 하기 위해서 뭐든 뜻대로 결정하려는 아버지를 설정했습니다. 아버지의 명령이 곧 법인 것이지요. 만일 자신의 아버지가 잘 먹고 잘 살게 해 주면서 모든 것을 아버지 뜻대로 결정하려 한다면 여러분은 어떻게 할까요? 우리 사회의 정치 지도자가 잘 살게 해 준다는 것을 빌미로 일방적으로 법을 제정하여 우리 삶을 결정하려 한다면 어떻게 해야 할까요? 법이란 무엇인가를 먼저 고민한 정치 철학자 몽테스키외의 생각을 들여다봄으로써 이러한 문제를 함께 풀어 갔으면 합니다.

법은 우리가 속한 사회의 규칙입니다. 이 규칙이 어떻게 작동하느냐에 따라 우리가 따를 만한 좋은 규칙이 될 수 있는지 그렇지 않은지에 대해 SF 형식을 빌려 표현해 보았습니다. '철학하는 엄마'라는 별명을 가진 저로서는 청소년의 가슴을 두드리고픈 마음으로, 친구들에게 최대한 흥미진진하게 다가가는 글이 되도록 애썼습니다.

주요 등장인물 중 하나인 '이담'은 '이다음'을 의미하는 것으로 다가올 미래를 뜻하고 미래의 주인공인 여러분을 뜻합니다. 앞으로 우리 사회의 질서를 맡게 될 여러분이 만들 '이담'은 지금보다 훨씬 자유롭고 평등한 사회일 것이라고 기대합니다.

박민미

머리말

"모나크(Monarch)에서 개발한 브레인 칩에 넣을 수 있는 몽테스키외 《법의 정신》 13.04 버전 파일이 7월 3일 오전 10시부터 판매 시작됩니다. 아직 13시간이나 남았지만 많은 사람들이 이불까지 가져와 매장 앞에 줄을 서 있습니다. 이번에 출시되는 몽테스키외 《법의 정신》의 13.04 버전 파일은 특히 수험생들에게 폭발적인 인기를 끌고 있는데요. 그럼 줄을 서 있는 한 분과 인터뷰를 해 보겠습니다."

"이렇게 줄까지 서 있는 이유가 무엇입니까?"

"올해 꼭 대학에 입학해야 하는데요, 법학과 의학 관련 파일 전체를 브레인 칩에 내장한 사람을 우선으로 선발하는 전형에 지원하려고 《법의 정신》 출시 일을 기다렸어요. 한정판이라 입시 직전에 구하려면 출시 가격보다 값이 30배는 뛸 테니까 오늘 정품 파일을 꼭 손에 넣으려고요."

텔레비전을 꺼 버리고 리모컨을 침대에 휙 던졌다.

브레인 칩은 2020년에 우리나라 과학자들이 최초로 개발했다.

수술을 통해 뇌에 기억 장치인 브레인 칩을 심어 넣고 추가적으로 정보를 업데이트하면 그 정보를 바로 습득할 수 있는 기술이다. 브레인 칩의 중요한 기능 중 하나는 전자 자극을 통해 인간의 근육 기능을 강화하는 것이다. 2030년 현재, 인류의 근육 기능은 퇴화된 상태이기 때문에 브레인 칩의 수요는 더욱 폭발적일 수밖에 없다.

이 기술이 개발되고 5년이 지났을 때, 모나크라는 회사가 등장했다. 모나크는 이 기술을 상품화해 정보 파일을 마구 만들어 팔았고, 그 후 사람들은 더 이상 책을 읽지 않았다. 이렇게 돈으로 필요한 정보를 살 수 있게 되자, 돈이 많은 사람들은 거의 모든 정보를 손에 넣었다. 그전까지만 해도 정보가 돈이 되는 사회였는데, 브레인 칩이 개발된 후 불과 10년 사이 돈이 정보가 되는 사회가 되어 버렸다.

크게 기지개를 켜자 팔이 뻐근하다. 팔뚝에는 멍이 가득하다. 요새 단순한 일상이 지겨워 취미거리를 찾다가 복싱을 시작했다. 대개의 사람들은 머릿속에 브레인 칩이 내장되어 있어서 굳이 격렬하고 위험한 운동을 하지 않는다. 그래서 언젠가부터 브레인 칩이 없는 형편이 어려운 사람들이 운동선수가 된다는 인식이 생겼다. 나는 운동선수가 될 생각은 없다. 하지만 브레인 칩을 심지 않았고, 복싱 자체에 매력을 느끼고 있으므로 체육관을 열심히 다니고 있다.

옷을 챙겨 입고 출근을 하려고 집을 나섰다. 오늘은 도서관에 몇 명이나 오려나. 열 명? 나는 도서관을 운영, 관리하고 있다. 원래는 아버지가 하시던 일이었는데, 3년 전에 부모님이 교통사고로 돌아가시고부터는 내가 맡게 되었다.

　지하철에 앉아서 시집 한 권을 꺼냈다. 사람들의 시선이 느껴졌다. '어휴, 아직도 책을 읽는 사람이 있단 말이야? 쯧쯧. 브레인 칩 시술할 돈도 없나 보네.' 이렇게 생각하고 있겠지. 신경 쓰지 않고 귀에 이어폰을 꽂았다. 대학 시절 밴드 활동을 할 때 녹음했던 노래가 흘러나왔다.

　나는 굉장히 자유로운 20대를 보냈다. 고등학교 때부터 글쓰기에 흥미가 있어서 대학 전공을 문예창작과로 선택했고, 가방에 책을 넣고 다니며 틈틈이 읽었다. 학교 수업은 언제나 즐거웠고, 수업이 끝나면 밤늦도록 친구들과 작품에 대한 토론을 했다. 그러고 나서 새벽에는 혼자서 조용히 글을 썼다. 방학이 되면 아르바이트를 해서 모은 돈으로 해외여행을 떠나기도 했다. 여행을 가서도 외국의 다양한 사람들과 얘기를 나누길 좋아했고, 많은 것을 보고 듣고 느꼈다.

　낭만이 있던 그 시절, 내 꿈은 시인이었다. 열심히 놀고, 보고, 느낀 것에서 자연스럽게 시가 나왔다. 그렇게 써 내려간 시를 사람들에게 들려줄 때 느끼는 황홀감은 나를 참 행복하게 했다. 지금은 도서관에서 지루한 일상을 보내고 있지만, 먼 훗날 시인이 될 거라는 꿈은 여전히 변함이 없다.

2030년
브레인 칩의 시대

"정민이 형, 좋은 아침입니다."

항상 5분씩 지각하면서도 천연덕스럽게 뜨거운 커피를 후루룩 마시면서 들어오는 현준이는 도서관의 유일한 동료이다. 말끔하게 생겼지만 매사에 칠칠맞지 못한 녀석이다. 책은 절대 읽지 않고 새로운 정보를 찾아 항상 인터넷에 빠져 있다. 나는 언제나 그랬듯이 가볍게 인사를 받아넘기고, 천천히 인터넷 기사를 살폈다.

'대한조선민국이 개발한 브레인 칩, 전 인류의 50퍼센트가 사용 중. 증가 속도가 가히 기록적.'

인상 깊은 기사 제목이 눈에 띈다.

'아마 저 통계에서 나머지 50퍼센트는 저개발 국가 사람들일 것이다. 그리고 브레인 칩을 일부러 집어넣지 않은 사람은 한 5퍼센트 정도? 5퍼센트나 될지 모르겠네.'

2021년 희토류를 둘러싸고 미국과 중국이 갈등을 겪었고, 곧 3차 대전이라 부를 만한 전쟁이 있었다. 미국이 희토류 채굴 드론 로봇과 핵무기를 실은 드론 로봇으로 구성된 부대를 희토류 매장량 1위국인 중국에 파병했다. 작전명은 '아듀 차이나'. 이 작전의 성공을 위해 유럽의 공학 기술자 대다수가 그전부터 미국에 몰려들어 치밀한 준비를 했다. 중국은 재빠르게 그 정보를 입수했고, 대응책을 마련했다. 그러나 중국은 '아듀 차이나' 작전이 개시되었을 때 희토류 채굴 드론 로봇이 중국 대륙의 위성 궤도 바깥으로 날아가는 것은 막지 못했다. 이로 인해 중국의 희토류 자원은 일찌감치 고갈되었다. 그나마 핵무기 드론 로봇을 가까스로 막아 낸 중국은 이후 전쟁 매뉴얼대로 미국에 핵무기를 집중 투하했고, 그 결과 북아메리카 대륙이 초토화되었다.

이 대전으로 전 세계가 방사능 중독 위험과 기후 변화로 몸살을 앓았다. 세계 대부분의 사람은 피폭으로 인해 근육 능력이 급감했다. 따라서 근육을 움직일 수 있게 하는 기계 장치를 필요로 하게 되었고, 사람들의 일손을 돕는 로봇의 수요도 급증하였다. 이러한 전자 기계 장치에 대한 수요의 급증으로 희토류의 필요성도 더욱 높아졌다. 그러나 매장량 1위인 중국의 희토류는 고갈된 상태였고, 세계는 다른 나라로 눈을 돌리기 시작했다. 그곳은 바로 대한조선민국.

2021년에 미국이 전쟁에서 패망하자마자 남한과 북한의 통일은 급속도로 진행되었고, 마침내 대한조선민국이 탄생했다. 북한 덕분에 곧 희토류 최대 보유국으로 급부상한 대한조선민국은 전자 전기 영역의 하드웨어와 소프트웨어의 독보적인 생산국이 되면서, 유럽 각국을 제치고 세계 최강 대국 자리에 올랐다. 이렇게 전자 전기 기기의 핵심 원료인 희토류와 이 분야의 핵심 기술까지 모두 갖추게 되자 세계 각국은 대한조선민국의 눈치를 보지 않을 수 없었다. 게다가 브레인 칩까지 개발했으니, 대한조선민국은 명실공히 세계 어느 나라도 넘볼 수 없는 강대국이 된 것이다. 한편, 일본은 2020년 대지진으로 인해 국민들이 뿔뿔이 흩어져 이미 난민이 된 상황이다.

사람들은 자신의 뇌 속에 브레인 칩을 시술받지 않을 수 없었다. 브레인 칩이 없으면 정보를 처리할 능력이 없으므로 생계를 유지하기 힘든 상황에 닥치기 때문이다. 그래서 사람들은 돈이 생기는 대로 정보를 사 모아야만 했다. 그렇게 해야만 경쟁 사회 속에서 살아남을 수 있었다. 하지만 나는 브레인 칩을 심지 않았다. 근육 기능에 이상이 있는 것도 아니고, 무엇보다 아버지로부터 도서관을 물려받았기 때문에 치열한 경쟁에 낄 필요가 없었다. 덕분에 브레인 칩을 심지 않은 5퍼센트 안에 드는 특별한 사람이 되었지만 말이다.

인터넷 창을 끄고, 얼마 전부터 읽고 있는 소설책을 꺼냈다. 그나저나 오늘은 도서관에 오는 사람들이 다들 조금 늦네. 아, 저기 온다.

한 여자가 들어온다. 회색 후드 티에 커다란 가방, 머리카락을 뒤로 질끈 묶은 여자는 일요일만 빼고 항상 이 시간에 도서관에 온다. 그녀는 뭔가를 연구하는 사람처럼 하루 종일 도서관에서 책을 읽었는데, 분야가 굉장히 다양했다. 과학, 철학, 역사, 문화, 취미, 스포츠 등 도서관에 꽂힌 거의 대부분의 책을 읽었다고 보면 된다.

그녀도 브레인 칩이 없을까 하는 호기심에 은근슬쩍 다가가서 여러 번 말을 붙여 보았는데, 돌아오는 것은 짧은 대답뿐이었다. 그래서 그녀에 대해 아는 게 별로 없다. '권은빈'이라는 이름과, 일요일 하루만 일한다는 것, 그리고 나와 동갑이라는 것. 물론 나를 굉장히 귀찮아한다는 것도. 결론적으로 그녀와 나는 형식적인 인사나 주고받는 사이다.

담이도 들어온다. 열다섯 살인 그 애는 매일 도서관에 찾아온다. 그동안 자기가 읽은 책에 대해서 이야기하길 좋아하고, 나에게 질문도 끊임없이 해 댄다. 엄마와 둘이서 살고 있는데, 안타깝게도 학교에 다닐 수 없을 정도로 형편이 어렵다.

담이에게 손 인사를 건넨다. 그 애도 내게 고개 숙여 인사한다. 그러고는 울상을 지으며 곧장 달려온다.

"선생님, 저 오다가 넘어졌어요."

"으이구 저런, 심하게 넘어졌네. 약 발라 줄게. 어쩌다 그랬어?"

"갑자기 어지러웠어요. 근데 하필 돌멩이 앞에서 넘어졌지 뭐예요."

"바지가 찢어질 정도로 넘어진 거 같은데, 뼈까지 다친 건 아니니?"

"바지가 심하게 해져서 그렇지 괜찮아요."

"그나저나 도서관에 반짇고리는 없는데. 집에 가면 엄마한테 꿰매 달라고 해."

"엄마는……, 집에 안 계세요."

"어머니 어디 가셨니?"

"로보시아로 보내지셨어요."

"뭐라고? 어머니 몸이 많이 안 좋아지셨구나."

"네……. 1년 후에는 몸의 기능이 완전히 정지될 거라는 진단이 나왔어요."

로보시아는 피폭이나 다른 질병으로 신체 기능이 거의 마비된 사람 중 뇌 기능이 온전한 사람을 로봇으로 개조하는 시스템이 갖춰진 특별 지역이다. 정부도 어쩔 수 없는 모나크의 막강한 힘이 유감없이 발휘되는 곳으로 유명하다.

"엄마도 가고 싶어 하지 않으셨고 저도 반대했는데, 신체 기능의 로봇화를 밀어붙이는 '모나크 특별법' 때문에 강제로 보내졌어요. 엄마는 제 곁에서 살다가 죽음이 오면 자연스럽게 받아들이겠다고 하셨거든요. 모나크 특별법이 원망스러워요."

"내가 담이라도 그렇게 생각했을 것 같아."

"어째서 법이 한 사람의 선택권을 빼앗을 수 있는지 너무 궁금해요. 그래서 지난번에 선생님이 추천해 주신《법의 정신》을 읽었어요."

"그 책을 읽었다고? 좀 어렵지 않았니?"

"선생님과 그동안 읽고 토론한 책에 비하면 무척 어려웠어요. 여러 나라 이름이 나오는데 국가의 단위가 지금이랑 다르기도 하고요. 다 읽고 나니 법이 사람들의 선택권을 빼앗을 수 있는 나라는 없다는 걸 알게 됐어요. 독재자 맘대로 다스리는 전제 국가만이 법을 무시한 채 나라를 제멋대로 통치하는 것 아닌가요?"

"그렇지. 담이가 제대로 판단했구나. 사람들은 지금 세상이 마치 공정한 법에 의해 다스려지는 줄 알지만 사실은 하나의 커다란 전제 국가나 다름없지. 법이란 게 사람들의 동의 아래 만들어져야 하는데 그 원칙이 전혀 지켜지지 않고 있어. 어떻게 된 게 살려면 무조건 이 법을 따라야 한다는 식이니, 원."

담이랑 심각한 얘기를 나누고 있는데, 옆에서 현준이가 떠들썩하다.

"오오오! 형, 이것 봐! 철학 책이 거의 다 들어가 있는 정보 파일을 발견했는데, 한번 다운 받아 볼까?"

"그건 네 맘이지만 바이러스 검사는 제대로 해. 네 머리에 이상이 생기면 나 혼자 도서관을 떠맡아야 하니까."

현준이 녀석이 또 새로운 파일을 찾았나 보다. 옛날에 영화나 드라마를 불법 다운로드 받을 수 있었듯이 브레인 칩에 넣는 정보 파일도 불법 다운로드가 가능하다. 하지만 출처가 불분명한 파일은 어떤 바이러스에 감염되어 있을지 모르니 상당히 위험하다. 물론 불법 다운로드 받은 파일 때문에 머리에 이상이 온 사람은 아직까지 뉴스에서도 보지 못했지만. 그래도 뇌와 직접 연결되는 부분이라서 조심해야 할 필요는 있다. 현준이는 서랍에서 케이블을 뒤적거리더니 뒤통수에 꽂고는 곧바로 다운로드를 시작한다.

"와우, 이번에 나온 몽테스키외 《법의 정신》 13.04 버전 파일도 들어 있네? 이거 판매자 누구야, 별 다섯 개는 줘야겠는데?"

《법의 정신》은 대학생 때 멋모르고 철학 수업을 들으면서 읽은 책이다. 아테네, 스파르타, 로마, 터키, 중국 등 하도 여러 나라의 역사와 법을 다루며 법의 원리를 설명하고 있어서, 하루 종일 도서관에 앉아 씨름을 해야 했다. 내가 그렇게 열심히 읽은 책을 저 녀석은 그냥 헤헤거리면서 뇌에 쏙 집어넣고 있다니. 괜스레 얄미워 녀석의 이마에 알밤을 놔 주었다. 그러고는 담이와 다시 이야기를 나누려고 몸을 돌리려는데…….

와장창 – 쨍그랑!

무언가가 깨지는 것 같은 굉음에 깜짝 놀라 돌아보니 현준이 녀석이 앉아 있던 의자가 뒤로 넘어간 모양이다.

"야, 인마! 내가 그러니까 책상에 발 올리지 말라고 했잖아."

어? 그런데 현준이가 아무 말이 없다.

"현준아! 김현준! 정신 차려 봐! 핸드폰, 핸드폰이 어디 있더라."

"잠시만 비켜 주세요."

게거품을 물고 있는 녀석 때문에 당황해서 어쩔 줄 모르고 허둥대는데, 멀리서 지켜보던 권은빈이 다가오더니 침착한 목소리로 말했다. 그러고는 현준이의 맥박을 짚고, 눈동자를 살피더니 어디론가 전화를 걸었다.

"권은빈입니다. Z302 환자 발생했습니다. 지원 요청합니다."

이내 전화를 끊은 그녀가 나에게 물었다.

"혹시 이 사람 브레인 칩에 불법 다운로드 받은 파일이 있나요?"

"네, 아까 무슨 몽테스키외 어쩌고 하더니……. 이 녀석 컴퓨터에 파일이 있을 거예요."

"응급 처치를 해야 하는데 이 USB에 그 파일 좀 넣어 주시겠어요?"

"아, 네."

그녀에게 USB를 받아 녀석의 컴퓨터에 연결했는데, USB 용량이 어마어마하다. 뭐가 이렇게 많이 들어 있는 걸까. 그러고 보니 저 능숙한 응급 처치 솜씨와 침착함은 어디서 나오는 걸까? 내가 상상조차 할 수 없는 수상한 일을 하는 여자가 아닐까 하는 생각마저 들었다.

"다 넣었나요?"

흠칫 놀라 Alt+f4 버튼을 연타했다.

"네, 다 됐어요."

"좀 전에 말씀드린 대로 불법 다운로드 받은 파일이 바이러스에 감염됐을 확률이 높은 것 같습니다. 이쪽 분야 전문가를 불렀으니 5분이면 도착할 거예요. 너무 걱정 안 하셔도 됩니다."

"정말 감사합니다. 근데 어떻게 그렇게 잘 아시는지 여쭤 봐도 될까요?"

"음……, 아! 마침 오셨군요."

그녀가 대답에 뜸을 들이고 있을 때, 후줄근한 옷차림의 한 남자가 들어왔다.

"박사님, 호출하셨습니까?"

"네, 이 박사님. 바이러스 감염자입니다. 응급 처치 좀 해 주세요."

"알겠습니다. 잠시만 기다려 주세요."

그는 급하게 현준이의 브레인 칩에 케이블을 연결하더니 치료를 시작했다. 그런데 방금 이 사람이 그녀에게 박사라고 한 것 같은데……. 대체 무슨 일을 하는 거지? 브레인 칩과 관련된 뭔가를 연구한다는 얘긴가? 그래서 그렇게 많은 책을 읽었나 보다.

급한 치료가 끝나고 그가 나에게 말을 걸어왔다.

"혹시 이분 보호자 되십니까?"

"아, 그렇죠. 보호자라고 할 수 있습니다."

"이분 브레인 칩에 있는 파일을 전체적으로 한번 싹 청소를 해야 할 것 같아요. 보호자분께서 허락을 하신다면 지금 저희가 이분을 모셔 가겠습니다. 시간은 하루 정도 걸리는데 괜찮습니까? 그쪽도 해 드릴 수 있습니다."

"감사한 말씀이지만 저는 괜찮습니다."

브레인 칩 시술을 받지 않았다고 하면 괜한 의심을 살 수도 있어서 정중히 거절했다.

"그런데 혹시 이 친구를 병원으로 데리고 가신다는 말씀인가요?"

"병원이요? 하하하. 아닙니다. 브레인 칩을 다루는 연구소라고 보시면 됩니다. 걱정 마세요. 그쪽 동료분한테 허락 없이 실험을 하진 않을 테니까요. 저희는 이번에 확산되고 있는 바이러스에 대해서 연구를 하고 있어요. 여기 명함 받으세요."

그가 건넨 명함에는 '이정암 브레인 칩 바이러스 연구소'라고 적혀 있었다. 흠, 전화번호도 다 있는데 믿어도 되겠지?

"그럼 잘 부탁드리겠습니다. 아, 그리고 정말로 고맙습니다."

나는 두 사람에게 감사의 인사를 건넸다.

"아니에요. 저흰 이만 가 볼게요. 브레인 칩 청소가 끝나면 연락드리겠습니다."

그녀는 생긋 웃으며 대답을 하는 박사라는 남자와 함께 바로 현준이를 싣고 나갔다. 그녀가 박사라……. 다부진 말투와 잘 어울리는 듯하다. 그런데 현준이가 저렇게 게거품을 물고 쓰러질 정도면 많이 심각한 것 같은데, 왜 저런 인명 피해는 어디에서도 본 기억이 없는 걸까? 이참에 한번 찾아봐야겠다.

오후에 인터넷에서 '브레인 칩 바이러스 인명 피해'를 검색했다. 그런데 죄다 백신 프로그램 광고밖에 없고, 관련 기사는 전혀 찾아볼 수 없었다. 그렇다면 그가 말한 브레인 칩 바이러스 연구소는? 뭐야, 아예 안 나오잖아? 예감이 좋지 않아 바로 명함에 있는 번호로 전화를 걸었다.

"네, 서점입니다."

"여보세요? 서점이라고요? 브레인 칩 바이러스 연구소 아닌가요?"

"실례지만 어떤 분의 명함을 받으셨습니까?"

전화를 받은 여자의 목소리가 차갑게 변했다. 당황해서 명함을 다시 꺼내 들었다.

"이정암 박사님 명함을 받았습니다. 혹시 연결 가능한가요?"

"잠시만 기다려 주세요."

명함에는 분명히 연구소라고 적혀 있는데 왜 서점이라고 하는지 이해가 가지 않았다. 게다가 요즘에는 서점이 거의 없어졌는데. 국가 기밀 연구소 같은 건가. 어쨌든 연구소가 존재하긴 하는 것 같으니

한시름 덜었다.

"네, 이정암입니다."

"저, 아까 낮에 도서관에서 만났던 바이러스 감염자 보호자입니다. 이게 무슨 상황인 거죠?"

"무슨 말씀인지 잘 모르겠는데요? 어떤 상황을 말하는 거죠?"

"아니, 브레인 칩에 침투한 바이러스가 인명 피해를 낸 적이 있다는 얘길 들어 본 적도 없고, 바이러스 연구소는 검색해도 나오지도 않아서 전화를 해 보니까…… 서점이요? 이게 무슨 상황인지 잘 이해가 안 되는데, 설명 좀 부탁드릴게요."

"아, 권 박사님이 설명을 안 해 주셨군요. 그럼 놀라실 만하겠네요. 동료분 모셔다 드리면서 할 얘기도 있었는데 잘됐네요. 명함 뒷면에 약도를 보시고 저희 연구소로 5시까지 오셔서 전화 주시겠어요? 제가 연구소 앞으로 나가죠. 그럼 이만."

무엇보다 현준이의 상태가 궁금하기도 하고, 과연 연구소에서는 무슨 일이 진행되는지, 또 박사라고 불리는 그녀의 정체는 무엇인지 알고 싶어서 일단 도서관을 나서기로 했다.

아차, 현준이 녀석 때문에 이 난리를 치르느라 담이가 기다리고 있다는 걸 깜빡했네.

"담아. 어디 있니? 아까 하던 얘기 계속하자."

도서관을 둘러보니 담이는 사라졌고, 그 애가 남긴 쪽지 한 장이 보였다.

선생님, 모나크가 만들려고 하는 세상은 겉으로는 법으로 통치되는 곳 같지만 사실은 법이 없는 곳이에요. 저는 엄마마저 제 곁에서 빼앗아 간 모나크에 대항하고 싶어요. 더 강해지고 싶어요. 사람들에게 모나크의 법은 진정한 법이 아니라는 걸 꼭 알리고 말 거예요.

그래 담아. 꼭 그렇게 해 주렴. 네가 《법의 정신》에 대해서 가르쳐 줄 날을 기다리고 있을게.

2

비밀의
문지방을 넘어

평소보다 도서관 문을 일찍 닫고 연구소로 찾아갔다. 그곳에 가는 내내 뭐 하는 곳인지 궁리를 해 보았지만 전혀 갈피를 잡을 수 없었다.

버스에서 내리자, 조그마한 헌책방이 보였다. 서점이 거의 없어진 세상이다 보니 간판에 적혀 있는 '책방'이라는 단어가 눈에 확 띈다. 그런데 책방 안에 다른 사무실이 들어가 있기에는 규모가 작아도 너무 작았다. 일부러 이정암 박사에게 전화를 하지 않고 일단 문을 열고 들어갔다.

"어서 오세요."

직원의 인사를 받는 둥 마는 둥 하고 조용히 물었다.

"저, 혹시 여기 브레인 칩 바이러스 연구소가 어딘지 아십니까?"

내가 연구소라는 말을 꺼내자 직원은 친절하게 인사를 건넬 때와는 달리 인상이 굳어졌다. 그러고는 앞장서서 나를 어딘가로 안내했다. 그곳은 책이 쌓여 있는 창고였다. 곧이어 영화에서처럼 책꽂이가 양쪽으로 스르륵 열렸다. 어렸을 적 보았던 SF 영화가 떠올랐다.

어린아이처럼 우와! 하는 감탄사가 절로 나왔다. 안쪽은 생각보다 더 깊숙했다. 건물이 이렇게 컸던가? 마지막 문을 열자 엄청 넓은, 진짜 연구소 같은 공간이 보였다.

"어, 여깁니다. 직원이 전화를 줘서 기다리고 있었어요."

이 박사가 나에게 이리 오라는 손짓을 했다.

"많이 놀라셨죠? 무슨 국가 기밀 기관같이 위장도 되어 있고요."

기밀 기관 맞는 것 같은데 천연덕스럽게 아닌 것처럼 말하고 있군. 속으로 이런 생각을 하며 그를 따라 또 다른 방으로 들어갔다.

"음, 얘기하자면 정말 깁니다. 일단 여기 누워 보세요. 브레인 칩 청소부터 하고 상쾌한 정신으로 얘기를 합시다. 물론 무료로 해 드리죠."

"실례되는 말씀은 그만하세요. 그는 브레인 칩 수술을 하지 않았습니다."

갑자기 문이 열리더니 권은빈이 들어온다. 그녀는 내가 브레인 칩 수술을 받지 않았다는 걸 어떻게 알았을까.

"네? 그게 무슨? 그럼 권 박사님은 그걸 알고도, 제가 저 사람한테 명함을 줄 때 말리지 않으신 겁니까?"

그는 무척 놀란 듯했다. 근데 내가 브레인 칩 수술을 받지 않았다는 게 저렇게나 놀랄 일인가?

"저 사람은 저희처럼 브레인 칩을 심지 않았습니다. 곧 저희와 운명을 같이할 사람이니까요."

"저기……, 말씀 중에 죄송한데요. 두 분이서 무슨 얘길 나누시
는 건지 도대체 모르겠네요. 설명 좀 부탁드려도 될까요?"

"그건 저랑 따로 얘기하시죠. 이쪽으로 따라오세요."

그녀를 따라 또 다른 방으로 갔다. 깔끔하게 정리된 책상과 벽에
붙어 있는 수많은 메모지가 눈에 띄었다. 책꽂이에 있는 책 중에 우
리 도서관 책도 종종 보였다.

"일단 앉으세요. 먼저 이렇게 갑작스러운 상황이 생겨서 죄송하
다는 말씀부터 드릴게요. 우선 우리 연구소에 대해서 소개하죠. 저
희는 전 세계에서 발생하고 있는 브레인 칩 바이러스를 연구하고 백
신을 개발하는 곳입니다. 아까 낮에도 보셨듯이 강력한 브레인 칩 바
이러스에 걸리면 뇌 기능이 마비되거나 심하면 사망에까지 이를 수
있습니다."

"뭐라고요? 그런 사실은 어디에서도 찾을 수 없었어요. 지금 그
걸 나더러 믿으란 겁니까?"

"충분히 당황스러울 거라고 생각합니다. 당신을 포함한 대부분
의 사람들이 그 사실을 알지 못하는 이유는 바로 모나크의 언론 장
악 때문입니다. 그들은 이미 브레인 칩에 바이러스가 발생한 사실을
보고받았어요. 만일 브레인 칩에 이런 부작용이 있다는 것을 사람들
이 알게 된다면 그에 따른 엄청난 사회적 문제가 발생하리란 것을 그

들은 명확히 파악하고 있습니다. 그래서 비밀리에 이런 연구소를 만들었고요. 일단 사람들의 눈과 귀를 막아 버리고, 바이러스에 대한 연구를 계속적으로 진행하고 있는 것이지요. 그런데 문제는 인터넷에서 쉽게 불법 다운로드 받을 수 있는 이런 파일 때문에 아무리 저희가 추적 조사를 하고 치료를 해도 그 전파 속도를 따라잡을 수 없다는 사실입니다."

"아, 이제 이해가 가는군요. 그렇지만 모나크가 사람들을 언제까지 속일 수 있을 거라고 생각하나요. 결국엔 밝혀지게 마련입니다. 그런데 제가 왜 당신들과 운명을 같이할 사람이라고 얘기하는 겁니까?"

"이제부터 그 이야기를 하겠습니다. 앞으로 여기에 자주 들를 일이 생기실 테니, 그전에 여길 먼저 둘러보는 게 좋지 않겠어요?"

"글쎄요. 당신도 알다시피 저는 도서관에서 일하고 있습니다. 여기와 엮일 일은 전혀 없을 것 같은데요."

"좀 전에 말씀드렸다시피 이곳은 모나크의 지휘 아래 존재하는 기밀 시설입니다. 그래서 당신이 브레인 칩이 없다는 사실에 저희 연구원이 당황했던 겁니다. 아까 그 침대에 누우셨다면 이곳에 대한 정보를 그가 다 지웠을 겁니다. 이제까지 그래 왔으니까요."

"사람을 잘못 보셨군요. 저는 브레인 칩을 심지 않았으니 기억을 맘대로 지울 수 없지 않습니까?"

"누구든 이곳에 온 이상 선택권은 없어요. 브레인 칩을 조작하는 것 말고 기억을 지우는 다른 방법이 있지요."

그녀의 답은 싸늘했다.

"저는 모나크와 엮일 생각이 전혀 없습니다. 게다가 이런 쪽에는 지식도 없습니다. 죄송하지만 돌아가겠습니다. 이곳엔 오지 않은 것으로 하죠."

"당신에겐 선택권이 없다고 했습니다."

철컥.

뭐지, 이 소리는? 뒤를 돌아본 순간 나를 겨냥한 시퍼런 총구가 눈에 들어왔다. 꽤 여럿이 나를 에워싸고 있었다. 나는 그 자리에 그대로 굳어 있을 수밖에 없었다.

"하, 선택권이 없다는 게, 기억을 지운다는 게 이런 뜻이었군요."

당장 그들의 뜻을 따르지 않으면 여기서 어떻게 될지 모를 일이구나. 우선은 타협을 하는 척이라도 해야겠지. 잠시 숨을 고른 뒤 물었다.

"제가 뭘 하면 되는 거죠? 저한테 원하는 게 뭡니까?"

"뭘 하게 되든 안심하세요. 한동안 제가 계속 동행할 겁니다. 오늘은 이만 여기에서 나가시죠. 제가 정리해야 할 일이 좀 남아 있으니, 잠시만 기다려 주시겠어요?"

"근데 먼저 이분들 좀 어떻게 해 주시면 안 될까요?"

"아, 죄송해요. 여러분, 총 내리시고 일들 보세요. 제가 금방 돌아올 테니 잠시 후 같이 나가면서 다시 얘기해요."

그녀의 지시를 받은 검은 양복 차림의 사내들이 나를 향한 총구를 거두었다. 나는 다리에 힘이 풀려 그만 바닥에 털썩 주저앉았다.

그런데 잠깐, 내가 이 연구소를 다녀야 한다고? 지금 그 얘기를 나한테 하고 있는 건가? 브레인 칩을 망가뜨리는 바이러스를 연구하란 소리야? 그나저나 시설 하나는 끝내주네. 휴우, 긴장이 풀리니까 목이 말랐다. 어디 마실 거라도 없나?

양쪽 다리를 겨우 일으켜 급하게 벽을 짚었는데 실수로 벽에 붙어 있던 메모지 하나를 떨어뜨렸다.

한동한, 2027년 3월 3일 교통사고로 사망.
그의 도서관이 유일한 단서.

돌아가신 아버지의 이름이 왜 여기에 적혀 있지? 돌아가신 날짜까지 정확한 걸 보니 아버지가 확실한 것 같다.

이 연구소는 정말 브레인 칩 바이러스 치료를 위한 곳이 맞는 걸까? 그럼 왜 우리 아버지 이름이 여기에 쓰여 있는 거지? 그녀가 나를 지목한 이유와 이 쪽지가 관련 있을지도 모를 일이다.

"그 쪽지를 보셨군요. 이제야 뭔가 짐작이 좀 가시나요?"

어느새 일을 마치고 나온 그녀가 나를 향해 묻는다.

"대체 뭡니까? 당신들의 진짜 정체 말입니다. 우리 아버지와 당신들은 무슨 관계였던 거요?"

"너무 서두르지 마세요. 오늘 다 말씀드릴 테니까요. 오래 기다렸죠? 그럼, 출발할까요?"

"다짜고짜 어디로 가자는 말씀이십니까?"

"당신이 일하고 있는 도서관이죠."

"그런데 왜 거길?"

"우선 따라 나오세요."

그녀에게 이끌려 나와 함께 차를 탔다.

"여러 가지로 궁금한 게 많습니다. 그런데 은빈 씨는 저한테 브레인 칩이 없다는 걸 어떻게 아셨습니까?"

"지금 그게 중요한 게 아닙니다. 제가 그보다 훨씬 중요한 이야기를 해 드릴까요? 당신은 내일 죽습니다."

"뭐라고요? 그게 무슨 말씀입니까!"

"당신의 아버지, 한동한 박사님과 그 주변, 그때의 상황을 이제부터 말씀드릴게요."

박사? 아버지가 박사라는 말이 도대체 무슨 말이지? 아버지는 책을 좋아하셔서 평생 도서관에서 사신 분일 뿐인데.

"혹시 모나크의 브레인 칩이 어떻게 만들어졌는지 자세히 알고 있어요?"

"아니요. 워낙 관심이 없어서…… 대략은 알고 있어요. 하지만 그들이 언론을 장악했다면 제가 지금까지 알고 있는 내용도 다 거짓일 수 있을 테고요."

"그럴 가능성도 있지요. 그들은 선전의 대가들이기도 하니까요. 브레인 칩이 막 개발되었을 때, 사람들은 우리 뇌에 브레인 칩이 어떤 부작용을 일으킬지 몰랐어요. 아니, 부작용이 있을 거란 생각을 아예 하지 않았을지도 모르지요. 그렇다면 개발 자체를 하지 않았을 테니까요. 그러나 인간의 사고 능력을 마비시키는 위험한 기술인 것만은 분명하다고 판단했던 것 같아요. 당시 대부분의 사람들은 이 기술이 인간을 로봇처럼 만들어 버린다고 생각했고, 이를 강력하게 반대하는 여러 단체가 결성되기도 했으니까요. 그들은 'WANR(We Are Not Robot)' 운동을 벌였답니다. 그래서 사실상 브레인 칩 기술은 폐기 처분 직전까지 갔죠."

"그런데 어떻게 브레인 칩 연구가 계속된 것이죠?"

"뉴스를 통해 접해서 당신도 알고 있을 거예요. 그러다가 중국과 미국 간 핵전쟁이 일어났죠. 핵전쟁에서 살아남은 사람들은 이런저런 신체적 문제를 안게 될 것이 뻔했고요. 그래서 브레인 칩 기술 연구가 폐기되지 않고 비밀리에 계속돼 왔습니다."

그녀의 입을 통해 들으니 모든 게 새롭게 다가왔다. 예상했던 대로 핵전쟁의 여파는 사람들의 근육 능력을 마비시켰다. 세계 곳곳에서 근육 능력 저하로 고통 받는 사람들이 기하급수적으로 늘었고, 이렇게 심각한 상황에서 몇몇 기술자들이 브레인 칩에 근육 통제 프로그램을 장착하는 데 성공했다. 미약한 전류를 근육에 흐르게 함으로써 근육을 움직일 수 있게 하는 기능이 브레인 칩에 부가된 것이다. 그것의 상품성을 일찌감치 눈치챈 대기업은 과학자들에게 엄청난 자본을 지원했다. 그렇게 브레인 칩이 완성 단계에 이르자 비싼 가격으로 암거래가 이루어지는 상황이 발생했다.

"결국 나중에는 정치 세력까지 암거래를 하다가 적발되었고, 사람들은 빨리 이 기술을 정부 차원에서 대대적으로 공표하고 공정하게 판매하라고 항의했어요. 그래서 정부 주도하에 브레인 칩이 합법적인 기업 상품으로 다시 개발되었고, 그렇게 정부를 등에 업고 등장한 기업이 바로 '모나크'입니다. 모나크는 대한조선민국의 탄생에 혁혁한 공을 세운 기업이기 때문에 사람들은 너도나도 큰 지지를 보냈지요."

"그런데 잠깐만요. 대한조선민국의 탄생에 있어서 모나크의 공이 정확히 뭐죠?"

이어지는 그녀의 이야기는 더욱 충격적이었다. 모나크는 중국을 상대로 하는 무역 업체였다. 모나크의 회장인 독고재는 타고난 사업 수완으로 어마어마한 부를 축적했다. 그는 중국에 대한 의리로 미국의 움직임을 중국에 첩보해 주면서도, 미국이 패망하면 남한과 북한이 순조롭게 통일될 것을 예상하고 중국과 협상해 희토류 개발권을 확보해 두었다. 또한 미국이 패망할 때 가장 아까운 자원이 다름 아닌 구글과 아마존이 구축한 데이터베이스라고 생각한 독고재는, 만의 하나 전쟁이 벌어지면 인터넷 망에 흩어져 있는 그들의 데이터베이스를 하나로 모으는 프로그램을 개발해 두었으니 이를 허용해 달라고 구글과 아마존의 관계자들과 미리 협상을 벌였다. 희토류 자원을 제공하는 걸 대가로 말이다. 독고재의 예상대로 정말 전쟁이 일어났고, 지금까지 인류가 구축해 온 데이터베이스의 전부라고 해도 과언이 아닐 만큼의 어마어마한 정보가 모나크 수중으로 들어오게 됐다. 여기에 운까지 더해져 미국이 초토화됨에 따라, 그간 지급한 막대한 수수료는 고스란히 다시 독고재에게로 되돌아왔다.

그 결과 전자 전기 영역에서 세계 순위가 요동을 쳤다. 전자 전기 기기 생산에서 일본은 이미 사라진 지 오래였고, 미국, 독일에 이어 중국과 3, 4위를 다투던 남한은 세계 2위 규모로 희토류를 보유한 북한과 통일을 하면서 앞선 국가들을 가볍게 제쳤다. 미국이 패망하면서 유럽에서 미국으로 건너온 실력이 뛰어난 과학자들도 모두 사라진 상태였다. 때문에 기술 면에서도 자원 면에서도 대한조선민국은 명실상부한 전자 전기 분야 1위 국가가 되었다. 이러한 상황과 맞물려 다시 한 번 독고재에게 호재가 찾아왔다. 그의 수중에 들어온 막대한 데이터베이스를 토대로 브레인 칩 개발권을 독점하고 기능을 엄청나게 업그레이드시킨 것이다.

"모나크는 정보를 독점하면서도 사람들로부터 전혀 욕을 먹지 않았어요. 그들이 개발한 브레인 칩 덕분에 오히려 몸이 불편한 사람들은 몸을 움직일 수 있게 되었고, 정보의 격차로부터 해방되었으니까요. 브레인 칩의 보급형은 정말로 값이 쌌거든요."

"그래서 사람들이 전보다 더 브레인 칩을 앞다퉈 자신의 뇌에 집어넣게 된 거겠죠. 극빈층이 아니면 모두 브레인 칩을 장착할 수 있는 세상이 그렇게 시작되었고요."

"맞아요. 하지만 보급형이라고 하더라도 정보를 업데이트할 때 필요한 모나크의 정품 라이브러리는 생각보다 비쌌어요. 빈부 격차가 다시 정보의 격차를 가져오게 되었지요. 돈이 없는 사람들은 정말 필요한 정보만 사서 업데이트를 했고, 돈이 많으면 많을수록 거의 모든 정보를 살 수 있었습니다."

"그렇군요. 덕분에 브레인 칩과 모나크에 대해서 잘 알게 되었어요."

"별말씀을요. 그런데 제가 왜 이런 이야기를 당신에게 하고 있는지 아직도 전혀 짐작이 가지 않나요?"

"그렇지 않아도 그걸 물으려던 참이었습니다."

"당신 부친께서는 브레인 칩을 개발하던 과학자셨습니다."

"하, 오늘 하루 점점 믿기 힘든 일만 일어나네요. 아버지는 저한테 그런 말씀을 단 한 번도 하신 적이 없습니다."

"다시 말씀드리죠. 당신 아버지는 이 기술의 아이디어를 제시하신 분입니다. '국가 기밀 기술 연구소' 소속이셨고요. 가족에게도 말하지 못한 채 사셨으니 그 고충이 대단히 크셨을 겁니다."

아버지는 뇌의 기억 부분을 담당하는 해마에 브레인 칩을 넣어 정보를 기억할 수 있게 만드는 기술을 고안했다고 한다. 처음에 그 기술을 개발한 목적은 치매 환자나 기억상실증 환자를 위한 것이었는데, 생각지 못한 문제가 발생하고 만다. 바로 이 기술을 개발하던 동료 연구자들과의 격렬한 대립.

"국가 기밀 기술 연구소 직원에게는 늘 산업계의 유혹이 뒤따릅니다. 산업계의 유혹을 받던 당시 과학자들은 이 기술을 확대해 상업화시키고자 했고, 돈에 눈이 먼 그들은 그들을 비판하던 동료들을 집요하게 괴롭히기 시작했어요. 그때 당신의 아버지는 이 기술이 상업화되면 굉장히 위험해진다고 정면으로 부딪혔지만, 이미 탐욕에 눈이 먼 그들을 말릴 수가 없었죠."

정보의 독점. 아버지는 정보가 한 집단에 의해 통제되는 것을 우려했을 것이다. 그 집단이 모든 권력의 중심이 되면 어떻게 될까? 그렇다.

"독재! 아버지는 독재가 시작될 거라고 예측하셨던 거죠?"

"네, 바로 그렇습니다. 당신 아버지께서는 그런 상황을 막기 위해 노력했던 겁니다. 하지만 결국 상업화시키려는 세력에 의해 무참히 살해되고 말았죠."

"사…… 사, 살해요? 아버지가 돌아가신 게 사고가 아니었다는 말씀이군요! 아버지를 죽인 그들이 정확히 누굽니까?"

"제3의 상업 세력에게 매수된 집단이거나 아니면 모나크의 비밀 조직일 것이라고 추측하고 있습니다. 지금까지 우리가 확보한 근거에 따르면 모나크의 비밀 조직 쪽에 좀 더 무게를 두고 있어요. 모나크 는 겉으로 볼 때는 다른 기업과 별다르지 않지만 정부와 결탁해 군 수업까지 손을 뻗치고 있습니다. 현재로서는 그들에게 대적할 만한 세력이 하나도 없어요. 국가가 오히려 모나크의 하수인이니까요. 모 나크는 제가 속한 이런 연구소처럼 여러 비밀 단체를 움직이며 국가 위에 군림하는 또 하나의 국가처럼 움직이고 있습니다."

당연히 모나크 입장에서 아버지는 원천 기술을 쥐고 있는 위험 한 인물이었을 것이다. 그래서 호시탐탐 아버지를 노리고 있었을지도 모른다.

"우리가 확인한 내부 자료에 따르면 모나크 내 비밀 부대 1소대 가 사고 당일 당신의 아버지가 일하던 도서관 주변에서 작전을 수행 한 기록이 있어요. 이 정도면 직접적인 증거라고 해도 과언이 아니겠 죠?"

머릿속이 너무나도 복잡했다. 지금 나에게 이런 이야기를 들려주는 그녀조차 모나크의 편이라는 생각도 들었다. 아버지가 정말 과학자였고 아버지를 죽인 게 모나크라면 나는 그들과 결코 화해할 수 없다. 아무런 힘도 없는 내가 지금 어떻게 모나크에게 대적할 수 있을까. 힘이 필요하다. 적군인지 아군인지 여전히 의심이 들긴 하지만 우선 그녀가 나에게 먼저 손을 내밀었으니, 더는 지체할 이유가 없다. 이들이 실제로 모나크의 적대적 세력이라는 걸 확인한다면 함께할 이유가 충분할 것이다. 생각이 여기에 이르렀을 때 내가 물었다.

"그렇다면 제가 뭘 해야 합니까? 더는 말을 돌리지 말고 이야기해 주시죠."

"이제부터 그걸 설명하겠습니다. 우리의 계획은 오래전부터 실행되어 왔어요. 당신을 이 프로젝트에 영입하는 것도 오랜 계획의 일부죠. 오늘까지의 당신은 잊으십시오. 새로운 사람으로 다시 태어난 것처럼 과거는 모두 잊고 당신은 앞으로 모나크에서 일하게 될 겁니다. 우리는 모나크의 심장부에서 일하면서 그들을 쓰러뜨리려는 집단입니다. 프로젝트의 자세한 계획은 멤버들이 모두 모이는 다음 '정기회의' 때 알려 드리겠습니다."

여기까지가 그녀가 들려준 이야기의 전부다. 혼란스럽다. 혼란스럽기 그지없다. 잔잔하기만 했던 내 인생에 뭔가 엄청난 일이 생길 것 같은 불길한 예감이 든다.

도서관 앞에 차가 멈췄다.

"얼른 들어가세요. 가서 당신 짐을 전부 챙겨 오세요."

"당분간 도서관 일을 하지 말라는 말씀이군요. 이제 현준이도 괜찮아졌으니 당분간은 그 애한테 부탁해 놔야겠네요."

"당분간이 아닙니다. 우리의 프로젝트가 성공하기 전까지는 아마도 당신이 도서관에서 다시 근무할 일은 없을 거예요."

"하지만 이 도서관은 아버지가 무슨 일이 있어도 반드시 지키라고 말씀하셨어요."

"네, 압니다. 하지만 당신이 아니면 못할 일이 기다리고 있다고요. 오늘은 짐을 챙겨 나와 집으로 돌아가 쉬세요. 당신도 머리가 많이 복잡할 테니……. 내일 아침에 데리러 올게요. 도망갈 생각은 안 하는 게 좋을 거예요. 그럼 밤길 조심해요."

그녀가 나를 도서관 앞에 내려 주고 떠났다. 나는 도서관 앞에 서서 건물을 올려다봤다. 아버지는 무뚝뚝한 분이셨다. 평생 이 도서관을 위해 열심히 일하셨다. 문득 내가 글을 쓴다고 했을 때, 문학은 앞으로 전망이 없다며 극심하게 반대했던 아버지 모습이 생각난다. 아버지도 책을 좋아해 도서관을 운영하셨으면서 왜 그러셨을까. 그땐 아버지가 참 미웠었다.

경비 해제 카드를 찍고 들어가 불을 켰다. 오늘부터 이곳과 이별인가?

먼저 내가 좋아하는 책을 챙겼다. 한두 권 챙기다 보니 두 박스 정도 되었다. 마지막으로 다시 한 번 휘둘러보는데 오늘따라 책상 밑 서랍이 이상하게 눈에 띄었다. 서랍에 뭘 넣어 두었더라. 챙길 게 있으면 챙겨 가야지. 서랍을 위에서부터 차례대로 여는데 네 번째 칸에서 못 보던 서류 뭉치가 나왔다. 혹시라도 중요한 것일지 몰라 일단 박스에 던져 넣었다.

그러고는 현준이한테 짤막한 메모를 남겼다.

현준아!
형, 떠난다. 찾지 마라.
도서관은 당분간 네가 관리해라.
또 아무거나 다운로드 받지 말고.
— 정민이 형이

3

담이의 열공

집으로 돌아와 불을 켜고, 거울에 비친 내 모습을 보았다. 하루 사이에 10년은 늙은 느낌이다. 뭔가 엄청난 일에 휘말린 것…… 맞지? 그때 급작스럽게 전화벨이 울렸다. 담이다.

"여보세요? 담이니?"

"네, 선생님. 지금 바쁘세요?"

"아니야, 오늘 바쁜 일 다 끝났어. 무슨 일이야?"

"《법의 정신》을 읽다가 궁금한 게 생겨서요. 늦은 시간이긴 한데 질문해도 돼요?"

"당연하지. 뭔데?"

"법이라는 건 모두가 평등하기 위해 만들어진 거잖아요. 그런데 우리나라를 보더라도 처음 법이 만들어진 게 고조선 시대인데요. 그럼 이미 지배자와 피지배자로 나뉜 사회에서 법이 만들어졌다는 얘기 아니에요?"

지난번에 쪽지를 남기고 사라진 담이가 그동안 《법의 정신》을 열심히 탐독했나 보다. 그렇지 않아도 오늘 벌어진 일 때문에 머릿속이 복잡했는데, 담이 덕분에 이야기를 나누면서 정리할 기회가 생겼다.

"응, 그렇지. 그런데 조금만 더 깊이 보면 몽테스키외는 자연법과 실정법이라는 개념에 대해서 설명해. 이는 우리가 아는 법의 형태가 만들어지기까지의 과정을 자세히 보여 준단다. 사실 법이라는 건 인간이 '법'이라는 단어로 규정하기 전부터 있었던 거야. 자, 담이가 구석기 시대에 살던 원시인이라고 생각해 봐. 그랬다면 우주의 근본 법칙은 뭘까? 인간 사회의 원리는 뭘까? 이런 문제에 대해서 탐구했을까?"

"음, 아니요. 아마도 배가 고파서 뭘 먹을지 고민했을 거 같아요."

"선생님도 마찬가지였을 것 같아. 그런데 인간은 맹수처럼 날카로운 이빨이 없고, 새처럼 높이 날 수 있는 날개도 없잖아? 그러니까 인간은 자신이 매우 열등한 존재라고 느꼈을 거야. 그런 상황에서 인간은 서로 공격할 여유가 없었을 테고, 아마 인간끼리는 서로 평화로웠겠지. 몽테스키외는 이런 평화 상태를 제1의 자연법이라고 불렀어."

"생각해 보니까 그렇네요. 처음부터 사람들이 서로 이익을 챙기려 들지는 않았을 거 같아요."

"응, 그래. 몽테스키외가 이와 같은 얘길 하기 이전에 영국의 철학자 토마스 홉스는 인간은 본디 전투적이라고 했어. 그런 상황이 되면 인간은 자신의 안전을 보장받을 수 없으니까 자신을 보호하기 위해 계약에 의해 자신의 권리를 주권자에게 넘기고 국가를 만든다고 이야기했지. 그런데 몽테스키외는 인간이 다른 인간을 정복하고자 하는 것은 인간이 갖는 첫 번째 관념이 될 수 없다고 주장하면서 홉스의 이야기는 인간이 사회를 만든 후에 생겨난 것이라고 결론을 지어.”

“그럼 몽테스키외는 평화 속에서 사회가 만들어졌다고 얘기하는 건가요? 어떻게요?”

“열등하고 약한 인간은 춥고 배고프고 졸려 하지. 그래서 인간에겐 삶을 계속 이어 갈 수 있는 먹을거리와 편히 지낼 수 있는 안식처가 필요해. 인간이 이렇게 먹을 것과 쉴 곳을 찾아 애쓰는 걸 바로 제2의 자연법이라고 해. 인간은 자신이 사냥한 식량을 숨겨 놓고 서로를 의심하다가, 나중에 이런 생각을 하게 되지. 내가 약한 것처럼 쟤도 약할 테니 우리가 사귀어서 서로서로 도우면 어떨까?”

“점점 사회의 형태가 나타나네요.”

“그렇지. 동물도 이러한 점은 비슷해. 특히 마음에 맞는 이성을 찾고자 하는 것도 그래. 몽테스키외는 이러한 이성 간의 끌림과 사모하는 마음을 갖는 것을 제3의 자연법이라고 불렀어.”

열다섯 살 담이와 《법의 정신》을 가지고 이렇게 많은 이야기를 나눌 수 있다니. 아무런 사유 없이 브레인 칩으로 이 책의 내용을 습득한 사람들과 과연 이런 대화가 가능할까? 생각이 꼬리를 물고 이어졌다.

"와! 이렇게 선생님 설명을 들으니 다음 단계가 예상이 될 거 같아요. 사람들이 그렇게 점점 모이다가 드디어 사회가 형성이 되는 거군요?"

"맞아. 그런데 여기서 중요한 점은 인간은 다른 동물에 비해 지성이 발달해 있다는 거야. 그래서 인간은 동물이 가질 수 없는 좀 더 지속적이고 깊이 있는 유대감을 갖지. 그래서 사회가 자연스럽게 형성이 되고, 인간에게 사회생활을 하고자 하는 욕망이 생겨. 이것이 몽테스키외가 말하는 제4의 자연법이야."

"근데 사회생활 속에서는 권력과 이익의 다툼이 있을 수밖에 없지 않나요?"

"그래, 바로 그거야. 여기서부터 일반적으로 우리가 생각하는 법이라는 형태가 나타나. 자신의 이익을 위해 전쟁을 일으키고, 범죄가 생기게 되는 거야. 이를 위해 인간들끼리 만든 법을 실정법이라고 하지."

"모든 사람이 서로 전쟁 상태니까 주권을 양도해서 국가가 만들어진다는 홉스의 생각과 제1의 자연법이 평화라는 몽테스키외의 생각, 둘 간의 차이는 이제 분명히 알겠어요. 그런데 두 사람의 인간과 사회에 대한 결정적인 생각 차이는 뭐예요?"

담이가 어느 때보다 날카로운 질문을 던졌다. 나도 어렸을 때 담이와 같은 생각을 한 적이 있었다. 친구들과 토론도 해 봤지만 썩 납득할 만한 답은 없었다. 그래서 나름 혼자 답을 찾아보았다.

홉스처럼 생각하면 어떤 특정한 주권적 국가가 절대적으로 필요하다고 생각할 듯싶다. 그런 국가가 없으면 서로가 서로에게 늑대처럼 으르렁댈 테니까. 무질서와 전쟁 상태로 전락하지 않으려면 국가를 받아들일 수밖에 없다. 그것이 어떤 국가이든. 다시 말해 공화제적 국가이든 군주제적 국가이든 자신이 속한 국가가 어떤 형태이든 받아들여야 하는 논리로 접근해야 한다.

반면 몽테스키외처럼 생각하면 국가와 법은 자기가 속한 사회의 사람들이 서로 합의해서 얼마든지 고칠 수 있다. 실정법이라는 게 바로 사람들이 정한 법이라는 뜻이니까. 실정법이 바뀐다고 하더라도 사람들은 가장 근원적인 자연법 상태에서 평화로우니까, 서로가 서로에 대해 늑대이고 짐승 같은 전쟁 상태라는 공포감 없이 지금 법에서 다음 법으로 변화하는 것을 두려워하지 않을 수 있다. 난 두 이론의 결정적 차이가 이거라고 결론을 내렸다.

"담아, 선생님 얘기가 어떤 것 같니?"

"자연법에 대한 설명이 책에 나와 있으니까, 저도 선생님께서 말씀하신 방향으로 어느 정도 감을 잡고 이해하고 있었어요. 그런데 아무리 생각해도 이런 자연법 이야기가 왜 중요한 건지, 정말 그런 건지 혼자 끙끙대기만 하고 답이 안 나왔거든요. 그러니까 선생님 말씀은, 홉스 식으로 생각하면 만약 우리가 군주제 국가에서 공화제 국가로 바꾸려 하면 법을 바꾸는 동안 사람들이 짐승같이 으르렁거릴 테니 자기가 속한 국가를 바꿀 생각 말고 받아들여야 한다는 것이고, 몽테스키외 식으로 생각하면 사회 구성원들이 바라는 방식으로 협의해서 법을 바꿀 수 있다는 뜻이지요?"

"그렇지. 담이가 정리해서 얘기해 준 게 바로 선생님 생각이야."

"지금까지 선생님 얘길 들으니까 법이라는 게 제 생각보다 딱딱한 게 아니라는 걸 알게 됐어요. 저는 정말 법이 고체처럼 느껴졌거든요. 우리가 어찌해 볼 수 없는 아주 먼 것이라고 말이죠. 그런데 지금은 법도 우리의 힘으로 바꿀 수 있다는 확신이 생겼어요. 고맙습니다, 선생님."

"선생님도 담이와의 토론은 언제든 환영이야. 그런데 담아, 선생님은 내일부터 일이 있어서 한동안 도서관에 나가지 못하게 됐어. 모르는 거 있을 때는 오늘처럼 전화하렴."

"어디 멀리 가시는 거예요?"

"뭐, 그런 셈일 수도 있고……."

"네, 선생님. 몸 건강히 잘 다녀오세요."

"그래, 밤늦게까지 책만 읽으면 눈 나빠지니까 적당히 하고."

"헤헤, 조금만 더 읽고요."

"녀석……. 그래, 잘 지내라."

담이와 전화를 끊고, 소파에 앉아 텔레비전을 켰다. 모나크에 대한 다큐멘터리가 방영되고 있었다. 언어 장벽을 무너뜨린 모나크에 대한 찬사가 이어졌다. 얼마 전까지만 해도 모나크에 대해서는 관심도 없었다. 간간이 들리는 이야기로 문제가 많은 기업이긴 하나, 대단한 기업이라는 생각도 했었다. 하지만 새삼 관심을 기울이고 보니 텔레비전은 온통 모나크가 개발한 브레인 칩에 대한 이야기로 도배되어 있었다. 재빨리 텔레비전을 꺼 버리고 도서관 서랍에서 꺼내 온 서류 뭉치를 펼쳤다.

〈브레인 칩의 위험성에 대한 경고〉

1. 브레인 칩은 사람들에게 생각할 여지를 주지 않는다. 사람들이 브레인 칩을 이식하기 전에 있던 정보는 브레인 칩에 내장된 프로그램으로 인해 무의식으로 들어간다. 기존에 있던 정보가 브레인 칩에 입력된 정보와 충돌하게 되면 문제가 생기기 때문이다. 이로 인해 추가적으로 들어오는 정보에 대해 의심을 하지 못하도록 각인된다. 로봇이 생각을 못하듯 입력된 정보에는 의심을 갖지 못하도록 차단시키는 것이다. 즉, 잘못된 정보를 주입시켜도 사람들은 그것을 인지하지 못한다는 것이다.

2. 그런 이유로 이 기술이 어떤 집단의 손에 들어가 독점이 된다면, 말 그대로 인류의 역사에 한 번도 없었던 정보 독재가 나타날

것이다.

추신) 브레인 칩의 약점도 상당하다. 예를 들어 브레인 칩에 새로 입력된 두 정보가 서로 모순을 일으켜 충돌한다면 과부하가 걸려 고장을 일으킨다. 브레인 칩은 뇌의 기억 부분을 담당하는 부분과 이어져 있기 때문에 고장이 나면 멀쩡하던 사람도 식물인간이 될 위험성이 다분하다. 사람들이 문학 책이나 철학 책을 읽으며 스스로 생각할 수 있었을 때는 모순되는 정보를 안고 살아가는 능력이 있었다. 그러나 브레인 칩으로 인해 사고력이 퇴화된 후에는 정보가 0 아니면 1이라고 처리되어 모순되는 정보가 다량 들어올 때 이를 감당할 수 없게 된다. 브레인 칩에 제공되는 파일엔 모순된 정보를 배제하여 유통시키고 있다. 브레인 칩이 문제를 일으켜 더 이상 그것이 쓸모없게 느껴져야 한다. 그러기 위해서는 모순되는 정보를 최대한 활용하는 방법이 있을 것이다.

아버지 필체로 쓰인 서류다. 예전에도 이 서류를 본 적이 있었지만, 무심코 어느 신문 기사를 스크랩한 것이라고 생각했을 뿐, 아버지를 전혀 의심하지 않았다. 아버지, 당신은 도대체 어떤 일을 하고 계셨던 겁니까?

4

모나크에
발 들이다

어렴풋이 해가 밝은 것 같은데 전화벨이 시끄럽게 울린다. 뭐야, 이렇게 이른 시간에? 핸드폰 화면에 권은빈이라는 이름이 보인다. 아, 맞다. 오늘부터 도서관이 아닌 모나크로 출근해야 한다고 했지. 생각을 끊고 얼른 전화를 받았다.

"여보세요?"

"지금 몇 신데 아직 자고 있어요? 10분 내로 준비해서 내려오세요."

"후우, 네에."

대충 씻고 가방을 챙겨 나왔다. 그녀가 차에 기대 서 있다.

"현준 씨는 어제 있었던 일은 기억 못하고 도서관에 출근했을 거예요. 얼른 차에 타세요."

어제의 기억을 다 잊었다? 정말 기억을 통제할 수 있구나. 생각보다 위험하네, 브레인 칩이라는 거.

"그나저나 혹시 가방에 책 같은 거 없죠?"

"아니요. 시집 몇 권 있는데요."

"시집은 차에 두고 가요. 앞으로 회사에 올 때는 웬만하면 책 같은 건 갖고 오지 마세요. 우리한테 브레인 칩이 없다는 건 기밀 사항이니까요."

"어제는 그런 말 안 했잖아요."

"오늘부터 그렇게 하면 되는 겁니다. 아, 그리고 당신 지금 면접 보러 가는 길이라는 것도."

"아니, 그런 말은 미리 해 줘야죠. 아무런 준비도 안 했는데요?"

"지금부터 준비하면 돼요. 제가 면접관이니까 너무 긴장하지 말고 말 더듬지 말고요. 여기 셔츠랑 넥타이 가져왔어요. 얼른 갈아입어요."

그래도 뭘 알아야 면접을 볼 텐데.

"자, 다 왔어요. 건물에 들어가면 안내판이 부착되어 있어요. 그래도 잘 모르겠으면 물어보면서 찾아가세요. 그럼 이따 봐요."

"네, 그럴게요."

건물 안으로 들어섰다. 허, 어마어마하게 크네. 여기가 모나크 본사인가? 괜히 더 긴장되는구나. 아, 저기 줄 서 있는 사람들 보니까 면접 보러 왔나 보다. 가서 대기 번호부터 받아야겠지. 이동하려는데 문자 알림 음이 울렸다.

'당신은 개발팀 면접 보는 거예요. 개발팀은 말 그대로 정보를 개발하고 관리하는 부서예요. 그러니 면접에 들어가면 어떤 정보를 어떻게 개발하겠다, 이런 식으로 답변하면 유리할 거예요.'

개발팀? 지금부터 뭐라고 답할지 생각해 봐야겠다.

대기 번호 735번? 오늘 안에 면접이나 볼 수 있으려나. 잠깐만, 대체 채용이 몇 명이라는 거지? 옆 사람한테 물어봐야겠다.

"저, 초면에 죄송합니다. 오늘 면접에서 몇 명이나 채용되나요?"

"두 명이라고 알고 있어요."

옆 사람은 친절하게 답해 주긴 했지만 '뭐야, 이 녀석은? 그것도 모르고 지원한 거야?'라는 표정을 지었다.

대기석에 돌아와 앉았다. 대기 번호를 보니 대략 1000명 정도 지원한 것 같은데 여기서 나를 뽑는다는 건가? 두 명 채용하는 면접에서 거의 500대 1의 경쟁률을 뚫고? 하긴 모나크가 요즘 최고로 뜨고 있는 기업인데 이 정도 경쟁률은 당연한 건지도 모른다.

그렇게 한 시간 정도 대기하고 있을 때 나를 포함해 다섯 명이 호출되었다. 면접실로 들어가니 한가운데에는 그녀가, 그녀 왼쪽으로는 이정암 박사, 그리고 오른쪽으로 응? 우리 체육관 관장님? 관장님이 왜 여기에? 그녀 앞에는 '데이터팀'이라는 명패가 있었다. 그리고 이정암 박사 앞에는 '공학기술팀'이라는 명패가, 관장님 앞에는 '경영팀'이라는 명패가 놓여 있었다. 나는 당황한 표정을 감추고 질문을 기다렸다.

관장님이 첫 질문을 던졌다.

"한정민 씨, 우리 회사에 지원한 이유가 무엇이죠?"

잠깐만, 지금 저한테 지원한 이유를 물어보시는 건가요? 브레인 칩으로 정보를 독점하고 더 나아가 독재를 꿈꾸는 모나크를 저지하러 왔다고 할 수는 없잖아. 가만 보자.

"저는 어렸을 적부터 글쓰기를 좋아했습니다. 대학에서도 문예 창작을 전공했고, 항상 책을 읽고 시를 써 왔습니다. 제가 가만 살펴보니 모나크에는 문학과 관련한 정보가 부족한 것 같습니다. 저는 우리나라 문학 정보를 보충해 전 세계 사람들에게 대한조선민국의 문화와 정신적 풍요로움을 전달하고자 모나크에 지원하게 되었습니다."

"전 세계에 유포되기 위해서는 문학 내용의 수정이 필요하다고 생각하는데요. 필요에 따라 문학의 내용이 바뀌어도 작가 정신에 해를 끼치는 것은 아니라고 보시는지요?"

그녀가 눈을 동그랗게 뜨고 묻는다. 긍정의 답을 하라는 표시인 듯 보였다.

"브레인 칩 파일에는 기본적으로 객관적인 정보가 들어가야 한다고 생각합니다. 그런데 문학의 묘미는 열린 결말이지요. 사람들은 책을 읽고 그것에 대해서 생각하고 자신만의 결말을 만듭니다. 그런데 문학 작품은 작가의 주관적인 색채가 너무 강해 때로는 객관적인 정보를 거스를 때가 있습니다. 그래서 모나크에서 문학과 관련한 데이터가 많이 출시되지 않았다고 생각합니다. 하지만 문학이라는 것은 하나의 문화로서, 사람들이 풍요로운 삶을 살게 하는 데 도움을 줍니다. 사람들은 어떤 문학 작품의 내용과 주인공에 대해서 이야기 나누기를 좋아하지요. 그래서 저는 객관적인 정보에 해를 끼치지 않는 수준에서 문학 작품 매뉴얼을 만들어 출시하고자 합니다."

휴, 이 정도면 훌륭한 답변 아니었을까. 이제 그만 질문해라, 제발.

관장님은 한참 나를 지켜보더니, 한쪽 입꼬리를 살짝 올리며 다음 사람에게 질문을 이어 갔다. 그렇게 후들거리는 다리를 이끌고 방을 나왔다. 안도의 한숨을 쉬면서 자판기에서 커피를 뽑아 마시는데, 우연히 두 남자의 대화를 엿듣게 되었다.

"방금 봤어요? 저 남자 그 사람이잖아요. 중국 최대 컴퓨터 회사 CEO 아들이요. 저런 사람도 모나크에 면접을 보러 올 정도니 이 회사 진짜 대단하긴 한가 봐요."

"그러게요. 그런데 저 사람은 왜 이 회사에 지원했을까요?"

무심코 그들이 가리키는 사람을 쳐다봤다. 하, 저 사람은 조금 전에 내가 모나크에서 몇 명을 채용하는지 물어봤던……. 그렇게 대단한 기업 아들이었구나. 내가 괜히 주눅 든 게 아니었어. 그때 핸드폰의 문자 알림 음이 울렸다.

'정기 회의. 오후 8시. 워크숍 카페.'

이게 권은빈이 말한 정기 회의라는 거구나. 아직 회의가 시작되려면 두 시간 정도 남았네. 그렇지만 처음 회의에 참석하는 날이니 조금 빨리 출발해야겠다.

너무 일찍 왔나? 사람이 너무 없네. 문을 열고 들어서자 카페에 앉은 사람들이 나를 잠시 쳐다보다 이내 각자 하던 일을 계속했다. 창가 쪽에서 노트북으로 뭔가를 하는 학생처럼 보이는 남자 한 명, 시끄러울 정도로 전화 통화를 하고 있는 30대로 보이는 여자 한 명. 그리고 카페 주인인 중년 남자 한 명.

이게 전부인가? 나는 커피를 주문하고 창가 쪽에 앉았다. 약속 시간 5분 전인데 왜 다들 안 오지? 그러는 찰나, 권은빈과 관장님이 들어왔고 카페에 있던 사람들이 각자 하던 일을 멈추더니 중앙 원탁으로 모였다. 그러자 카페 주인인 중년 남성이 신속하게 문을 잠그고 서류 가방 하나를 탁자 위에 올려놓았다.

이 사람들이었구나. 나도 자리에서 일어나 중앙 원탁으로 향했다. 곧 권은빈이 일어나 인사를 했다.

"이정암 박사 한 분 빼고 다들 모여 주셨군요. 먼저 우리 모임의 신입부터 소개해 드릴게요. 이분은 한동한 박사님 아들이고, 우리 프로젝트의 핵심 인물인 한정민 씨입니다."

내가 핵심 인물이라고? 놀랄 새도 없이 엉겁결에 인사를 했다.

"안녕하세요. 한정민이라고 합니다."

"한 박사의 아들이라고? 반갑네, 난 정지민이라고 하네. 부친의 오랜 동료였지. 잘 부탁하네."

쇠테 안경을 쓴 카페 주인이 악수를 건넸다. 아버지 사진첩에서 본 적이 있는 얼굴인 것도 같다. 사람들이 하나씩 일어나 말을 걸어왔다.

"안녕하세요, 전산팀에서 일하고 있는 조성주라고 합니다."

학생인 줄 알았는데, 젊은 사람이 능력 있네. 키도 훤칠하고 잘생겼는데, 다만 표정이 조금 딱딱하고 어두운 분위기를 풍겼다.

"저는 모나크 회장의 비서 김수정입니다."

회장 비서면 독고재의 최측근이겠구나.

"저는 초면이 아니죠? 연구소 소장 권은빈입니다."

그냥 박사가 아니었구나. 그녀가 이 프로젝트를 이끌고 있다는 얘기구나.

"아까 면접장에서는 경영팀 명패 앞에 앉아 있었지만, 실제 나는 모나크의 경비팀장 권세찬이다. 체육관 관장이 면접을 보고 있어서 많이 놀랐지? 이 얘길 하면 더 까무러치겠는데? 권은빈 소장이 내 딸이기도 하지. 하하하."

내가 잘못 듣기라도 한 걸까? 귀를 의심해 봤지만, 아버지와 딸의 닮은 구석이 먼저 눈에 들어왔다. 그런데 왜 아버지와 딸이 이렇게 위험하게 보이는 일을 같이하고 있는 걸까.

"회의가 급하니까 일단 진행하지. 우선 우리 프로젝트에 대해서 명확하게 브리핑을 해 주겠네. 조성주 씨, 화면 좀 띄우고 설명해 주게."

"네. 알겠습니다. 이 프로젝트의 이름은 '디마크러시(Democracy)' 입니다. 모나크의 세력이 점점 커지면서, 제국을 건설해 독재를 실현시키려는 그들의 계획을 저지하려는 목표를 갖고 있죠. 모나크는 브레인 칩을 이용해 정보를 제어합니다. 사람들은 돈을 벌어 정보를 사려고 하죠. 정보에 대한 의심 자체가 전혀 없습니다."

"저도 잘 알고 있습니다. 사람들은 책을 읽을 필요가 없고, 마치 컴퓨터가 일상화된 것처럼 브레인 칩을 일상의 기술로 받아들이고 있죠."

"맞습니다. 그렇게 모나크는 사람들의 생각을 제어할 수 있는 마치 '신'과 같은 상태가 되었습니다. 아마 브레인 칩의 보급이 끝나면 모나크는 전 세계를 다스리려 들 겁니다. 모나크(Monarch)라는 단어 그대로 '일인 독재 제국'의 탄생이 현실로 다가오는 것이죠."

"그것보다 더 큰일은 사람들이 앞으로 닥칠 이러한 상황에 일말의 의심조차 없다는 겁니다. 그래서 우리는 브레인 칩 시술을 거부한 사람들만을 모아 모나크를 막기 위해 뭉쳤습니다. 지난 시간 동안 여러 계획이 있었지만, 모나크의 권력과 자본 앞에서 제대로 손을 쓸 수 없었습니다. 하지만 앞으로 우리는 예정한 '운명의 날'에 독재 타도, 민주주의, 삼권 분립 등의 '올바른 정보'를 전 세계에 퍼뜨릴 것입니다. 이것이 바로 우리가 해야 할 일입니다."

그가 말을 마치자 모두들 비장한 표정을 지었다. 이들은 모나크에 적대적인 세력이 분명한 듯싶다. 모두 나와 같은 아픔을 지닌 사람들일까?

"말씀 잘 알겠습니다. 그런데 이 팀이 어떻게 만들어졌는지 여쭤봐도 될까요?"

"저희는 모나크에 소중한 사람을 빼앗긴 피해자, 그중에서도 목숨을 걸 수 있는 사람들로만 구성돼 있어요."

권은빈이 대답했다. 역시 내 짐작이 맞았구나.

"몇 년 전부터 이 프로젝트를 준비해 왔는데, 도중에 불미스러운 사고로 팀원 한 명을 잃었어요. 우리는 그 빈자리를 메워 줄 사람을 찾으려고 수없이 많은 사람을 관찰했어요."

"대체 어떤 기준을 갖고 관찰한 건가요?"

"첫째, 브레인 칩 시술을 받지 않은 사람이어야 한다. 이건 어쩌면 당연한 조건이에요. 브레인 칩이 있으면 그 사람도 모나크에 의해 통제되기 때문이죠. 둘째, 자신을 보호할 수 있는 힘을 가진 사람이어야 한다. 피폭으로 인해 몸이 건강하지 못한 사람들이 많으니까요. 마지막으로 제일 중요한 세 번째, 모나크를 향한 복수심. 당신은 이

세 조건을 모두 만족시켰어요. 물론 그보다 더 특별한 이유가 있긴 해요. 도서관을 관리하고 있고 누구보다 많은 책을 읽었다는 점. 그래서 우리는 당신을 핵심 인물로 꼽은 겁니다. 당신에게 이 프로젝트의 성패가 걸려 있다고 해도 과언이 아니에요."

그녀의 이야기는 믿기 힘든 것들의 연속이었다. 우리 모두는 소중한 사람을 잃었다. 세상에 대한 염려라고는 손톱만큼도 하지 않고, 삶에 안주하기만 했던 나인데……. 이 자리에 오기까지 혼란스러웠지만, 이젠 나도 결심을 단단히 해야 할 때인 듯싶다.

그때 회장의 비서가 이야기를 꺼냈다.

"오늘 막 새로 들어온 정보가 있습니다. 모나크가 세계를 하나의 국가로 만들기 위한 움직임에 돌입했습니다. 저개발 국가인 아프리카와 중동은 상대적으로 낙진 피해가 적어 많은 사람들이 건강하게 살아남은 지역입니다. 그 지역에서 브레인 칩에 대한 수요가 늘기는커녕 브레인 칩을 거부하는 움직임이 거세지니, 모나크는 그곳에서부터 브레인 칩 무료 시술 지원을 시작해 앞으로 전 세계 사람들의 자유를 제한하려는 계획을 추진하고 있습니다."

"브레인 칩 무료 시술이 시행된다고요? 상상도 못한 일이네요."

"또 그와 동시에 국가 이론 중에서 군주제를 옹호하는 책을 대거 퍼뜨리고 있습니다. 몽테스키외의 《법의 정신》 13.04 버전을 이번에 출시한 것이 바로 그 계획의 시작입니다."

"모나크의 야심이 대단하군요. 그런데 한 가지 의문이 드네요. 몽테스키외《법의 정신》이 군주제를 옹호한다니요? 그건 민주주의 국가의 헌법 정신, 그 핵심인 삼권 분립 원칙을 담은 책이잖아요."

내가 의의를 제기했다.

"삼권 분립에 대한 언급은 나오지만 몽테스키외는 민주주의가 아니라 군주제를 옹호했습니다. 법을 만드는 권리는 의회가, 법의 운용을 감시하는 권리는 재판소가, 공적 의결 사항을 집행하는 권리는 군주가 가져야 한다고 주장한 것이 몽테스키외 사상의 핵심이지요."

"혹시 다른 책을 읽으신 건 아닌가요? 제가 알고 있는 내용과 전혀 다른데요."

아무리 기억을 더듬어 봐도《법의 정신》에 그런 내용은 없었다.

"저 역시 몽테스키외《법의 정신》13.04 버전을 숙독했습니다."

아, 원전이 아니라 이번에 출시된 버전을 읽었다는 얘기구나.

"혹시 여기서《법의 정신》을 원전으로 읽으신 분 계신가요?"

내가 묻자 카페 안이 조용해졌다. 침묵을 깨고 권은빈이 먼저 말을 꺼냈다.

"아마도 원전을 읽은 사람을 찾기 힘들 거예요. 저 또한 그렇고요. 저는 몽테스키외가 삼권 분립을 옹호하긴 했지만, 민주주의에 대해서는 명확하게 옹호하지는 않은 것으로 기억하고 있어요. 그는 모호한 태도를 취했지요. 게다가 1700년대 중반에 쓰였고, 그 시기는 아직 프랑스 민주주의 대혁명도 일어나기 전이잖아요. 당시는 절대 왕권 시대였기 때문에, 저는 몽테스키외가 삼권 분립을 옹호한 것만도 당시로서는 대단히 진보적이었다고 생각해요."

그녀가 얘기한 대로 《법의 정신》은 정확히 1748년에 쓰여졌다. 나는 그 책을 여러 번 숙독하면서 몽테스키외가 삼권 분립과 민주주의를 옹호했다고 이해했다. 하지만 법학을 전공한 것도 아니고 사실 사회 문제에 큰 관심도 없었던 터라, 이번 기회에 원전과 새롭게 출시된 13.04 버전을 비교해서 읽으면서 점검해 보고 싶은 생각이 들었다.

"저희 도서관에 《법의 정신》 원전이 있습니다. 이번 판이 원전과 다른 섬이 무엇인지, 혹시라도 내용에 조작이 있었는지 확인해 볼 필요가 있을 것 같아요."

"저도 당신 생각에 동의해요. 한 국가의 일원이라면 누구나 헌법의 가장 기본적인 원리에 대해 알고 있어야 한다고 생각해요. 법을 전공하는 사람이 아니더라도 국민이라면 누구나 한 번 읽어야 할 책이 《법의 정신》이니까요."

기억을 조금 더 더듬어 살펴보자면 《법의 정신》에서 말하는 법은 '헌법' 차원이다. 그리고 헌법은 국가가 어떤 원리로 구성되는가에 대해 규정하는 가장 기본적인 법이다. 모든 국가는 헌법 위에 세워지고, 군주제인가 공화제인가 같은 '정치 체제'를 가장 먼저 규정해야 국가의 질서가 서게 마련이다. 헌법은 국가의 가장 기본적인 법이고 그렇기 때문에 모든 국민과 관련이 있는 것이다.

"그럼, 한정민 씨의 제안대로《법의 정신》원전과 이번 판본을 비교해서 읽고 다음 회의에서 함께 검토하기로 합시다. 오늘은 이걸로 마치겠습니다."

그녀가 회의 종료를 선언하자, 사람들은 한 명씩 밖으로 나갔다. 나는 개발팀 입사가 확정되었고, 내일부터 정식 출근하면 된다는 이야기를 전달받았다. '올바른 정보'를 개발하려면 모나크가 보유하고 있는 모든 정보를 파악해야 한다. 그러기 위해서 정보의 접근성이 가장 큰 개발팀에 내가 배정된 것이다. 이 팀에서 신뢰를 쌓고 능력을 인정받아야 길이 열릴 터이다.

"정민 씨, 시간 남으면 밥이나 먹으러 갈까요? 혹시 저녁 드셨어요?"

"저도 좀 서둘러 왔더니 식사를 못했어요. 같이 가시죠."

그녀와 가까운 식당으로 자리를 옮겼다.

"항상 궁금한 게 있었는데요. 당신은 왜 이 일을 하고 있나요?"

"엄마 때문이에요. 엄마는 대학교에서 철학을 가르치셨어요. 모르는 걸 물어보면 무엇이든지 답해 주는 똑똑한 분이셨지요. 사회 문제에 관심도 많으셔서 올바르지 않다고 생각하는 일이 있으면 앞장서서 목소리를 내셨어요. 그러다가 브레인 칩이 개발된다는 사실을 알고, 그 기술이 판매되었을 때 생기는 문제점에 대해서 세상에 알리기 시작하셨죠."

"아, 지난번에 얘기해 준 'WANR' 운동이요? 우리는 로봇이 아니라는 주장을 펼쳤던?"

"네, 맞아요. 그 선두에 어머니가 계셨어요. 그러던 어느 날 당시 그 기술의 개발자이던 당신 아버지가 찾아왔다고 들었어요. 아무튼 그 운동으로 사람들은 브레인 칩이 폐기되었을 거라고 믿었는데, 암암리에 개발이 계속되고 있었던 거죠. 그리고 운동의 선두에 있던 사람들이 목소리를 내지 못하게 압력을 넣었습니다. 엄마는 그들의 행태에 굴하지 않고 활동을 계속해 나갔어요. 그러다가 갑자기 실종되셨어요. 그러고 나서 한 달 후에 시체로 발견되었고요."

"휴, 그런 일이 있었군요. 그래서 관장님도 함께……."

"아마 당신 아버지도 분명히 모나크가 그렇게 만들었을 거예요. 당시 독고재는 모나크를 설립하기도 전이었어요. 나중에 브레인 칩 기술을 모나크가 인수한 이후의 상황을 추적해 보니 모나크는 'WANR' 운동의 핵심 세력을 찾아서 브레인 칩을 강제 이식하는 계획을 추진하고 있더라고요."

"이런 몹쓸……. 아마도 당신 어머니는 그것을 거부했을 테고, 결국은 그렇게 세상을 등질 수밖에 없었던 것이군요."

"저는 모나크에 복수할 거예요. 그리고 사람들이 우리와 똑같은 비극을 겪지 않도록 하고 싶어요."

"그래요. 우리 가족의 비극은 이미 지나갔고, 앞으로의 일을 막는 게 중요합니다. 앞일만 생각하자고요."

나도 그녀의 아픔을 잘 안다. 많이 괴로웠겠구나. 항상 씩씩해서 이런 사정이 있을 줄은 짐작도 하지 못했다.

"당신은 시인의 꿈을 갖고 있지 않나요?"

"놀랍군요. 당신은 저에 대해서 도대체 얼마나 알고 있는 겁니까?"

"음, 이름은 한정민, 나이 34세, 혈액형 B형, 독서광. 부모님이 돌아가시고 나서 도서관을 물려받아 관리함. 이 정도?"

"그게 제 인생의 전부이긴 하네요. 그렇다면 당신은 이 일을 하기 전에는 무얼 했습니까?"

"저는 우리 엄마처럼 철학을 전공했어요. 책 읽는 걸 무척 좋아해서 도서관에도 자주 다닌 거고요."

어쩐지 이제부터 그녀와 대화가 잘 통할 것 같다. 그녀에 대해서 좀 더 알아 가고 싶다. 그나저나 내일부터는 출근인가……. 기분 좋은 순간도 잠시, 갑자기 숨이 턱 막혀 왔다.

5

단서를
추적하다

알람이 울리고 바로 잠에서 깼다. 옷장을 여는데 마땅히 입고 갈 옷이 없다. 앞으로 회사에 입고 갈 옷을 좀 사 둬야겠다. 급히 씻고, 서둘러 집을 나섰다.

"후아."

면접 때도 놀라긴 했지만, 빌딩 크기만으로도 위압감이 느껴진다. 개발팀을 찾아가 큰 소리로 인사를 했다.

"안녕하십니까, 신입 사원 한정민입니다!"

"하하, 패기가 참 좋은 신입이네. 나는 개발팀장이네."

"앞으로 잘 부탁드리겠습니다!"

"씩씩한 인사가 마음에 쏙 드는구만. 이리 들어오게."

팀장님을 따라 들어가니 하, 그 녀석이 앉아 있다. 중국의 컴퓨터 회사 CEO 아들이라던……. 역시 저 친구가 이번에 나랑 같이 채용됐구나.

"서로 인사들 하지."

팀장님이 우리 둘을 가리키며 말했다.

"반갑습니다. 신입 사원 한정민입니다."

"안녕하세요. 김무준입니다."

서로 형식적인 인사를 나눴다. 어색한 침묵 속에서 아무래도 저 친구와는 친해지기 어렵겠다는 느낌이 어렴풋이 들었다.

"다들 개발팀이 어떤 부서인지 알고 있지? 우리는 모나크의 핵심이라고. 정보를 다루는 회사에서 정보를 개발하고 있으니까 말 다했지. 그래도 궁금한 점 있으면 저기 앉아 있는 정혁찬 대리한테 가서 언제든지 물어보도록 해."

우리는 팀장님 방에서 나와 각자 자리로 갔다. 스무 명 정도의 사람이 개발팀 소속으로 일하고 있었다.

"거기 신입!"

정 대리님이 나를 부른다. 바로 뛰어갔다.

"어찌된 영문인지 모르지만 너랑 같이 들어온 신입은 혼자 내버려 두라는 윗선의 얘기가 있어서, 일단 이 일은 네가 좀 해야겠다."

"네, 알겠습니다. 뭘 하면 될까요?"

"이걸 전부 브레인 칩에 들어갈 파일로 개발 중이야. 우리 회사 전용 프로그램으로 들어가서 지시대명사가 뭘 받았는지 확인하고, 프로그램이 이해하지 못해서 물음표로 표시된 것은 체크해서 무엇으로 표시해야 할지 정한 뒤 나한테 보내도록."

"이걸 전부요?"

"신입 때는 그런 일 한 번씩은 다 해. 내일 점심시간 전까지 부탁하마."

프로그램에 들어가 보니 철학 책이 족히 100권 분량은 돼 보인다. 물음표가 표시된 것은 만 개는 넘어 보이고. 지시대명사가 뭘 받았는지 확인하려면 몇 번이나 앞 내용을 다시 들여다봐야 하는데, 이 많은 분량을 진짜 혼자 하라는 거야?

그런데 나랑 같이 들어온 신입은 어디 있지? 자리에서 일어나 두리번거리는데 커피를 마시면서 책을 읽고 있는 녀석이 눈에 들어온다. 녀석을 혼자 내버려 두라는 윗선의 지시가 대체 무얼 의미하는 걸까? 어쨌든 오늘은 집에 갈 생각도 못하겠군.

본격적으로 작업을 시작했다. 그래, 이번 기회에 그동안 읽은 책을 다시 한 번 훑는다 생각하자. 정신없이 작업을 하다가 핸드폰을 보니 어느새 밤 11시가 되었다. 온 신경을 집중해서 일하다가 시간을 확인하니 긴장이 풀려서 잠이 오기 시작했다. 그때 핸드폰에서 진동이 울렸다.

'긴급 회의. 내일 오후 7시. 워크숍 카페.'

휴, 내일도 시간이 없을 테니 정신 바짝 차려야겠다. 화장실에 가서 세수를 하고 다시 작업을 시작했다. 두 권 정도 남으니 창문 밖으로 해가 뜨고 있었다.

"신입! 여기서 그대로 잠들었어?"

왜 이렇게 시끄럽지……. 겨우 눈을 뜨고 일어나니 팀장님이 눈앞에 있다. 깜짝 놀라 일어나려는데 팔이 저려서 표정 관리가 잘 안 된다.

"아, 팀장님, 오셨어요? 어제 대리님께서 지시하신 일이 있어서요."

"내 방 가서 눈 좀 붙여."

"아니에요, 괜찮습니다. 이제 마무리할 일만 남았습니다."

"그래? 알겠어. 조금만 더 고생하게."

화장실에 가서 대충 머리를 정리하고 자리에 다시 앉았다. 남은 두 개의 파일은 모두 《법의 정신》의 대목이다. 파일명은 《법의 정신》 13.05 버전 보충. 아마도 다음 버전에 추가될 내용인가 보다. 이전 판본에 없었던 게 뭐지? 영국의 국가 구조에 대해 설명하는 대목이구나. 아, 역시 삼권 분립에 대한 내용을 이전에 빼놓았던 거야. 그런데 다시 집어넣는 이유가 뭐지? 모나크가 민주주의를 수용할 생각인 건가? 내 기억으로는 몽테스키외가 영국을 설명하면서 그 나라에서 삼권 분립이 어떻게 실현되고 있는지를 말하는 내용이 나왔었는데. 《법의 정신》 13.05 버전 보충에서야 비로소 이 내용을 집어넣고 있는 것이다. 왜 이렇게 책의 내용을 바꾸는 건지 도무지 납득이 되지 않았다. 파일 작업을 다 마치고 이 버전을 내 메일로 보내야겠다. '디마크러시' 사람들에게 알려야지.

우선, 정 대리님한테 작업 완료를 보고하러 갔다.

"대리님 맡기신 일 처리했습니다."

"그래. 거기다 놔. 고생했다. 첫날부터 일을 많이 준 건 네 열정을 테스트해 본 거다. 잘했어."

"감사합니다. 전 이만 자리로 돌아가겠습니다."

"수고했어."

자리로 돌아와 인터넷을 켰다. 뉴스 페이지에서 인상적인 헤드라인이 눈에 확 들어왔다.

'모나크, 저개발 국가에 브레인 칩 무료 시술 지원.'

모임에서 들었던 터라 바로 진정이 되긴 했다. 재빨리 기사를 클릭해 보니 모나크는 저개발 국가 국민에게 브레인 칩 시술을 지원하는 것은 물론 기본적인 정보 파일을 무료 서비스로 제공하겠다고 밝혔다. 모나크 회장이 한 인터뷰가 더욱 눈길을 끌었다.

'우리 모나크는 인류의 발전을 위해 연내 전 세계인이 브레인 칩을 사용할 수 있도록 최선을 다할 것입니다.'

아마도 오늘 긴급 회의는 이 기사 때문일 터이다.

퇴근을 하고 바로 워크숍 카페로 향했다. 7시가 되고 카페 문을 잠그고 나서야 사람들이 한자리로 모였다. 제일 먼저 입을 뗀 사람은 관장님이었다.

"모나크가 저개발 국가 브레인 칩 무료 시술 지원 기사를 집중적으로 내보내고 있습니다. 독고재 회장의 말대로 연내에는 모나크가 전 세계를 장악할 것입니다. 머지 않아 대대적으로 법 개정이 시행될 테고, 브레인 칩 수술을 받지 않은 사람들을 찾아내 강제로 수술을 진행할 것으로 예상됩니다. 이에 대한 대책이 필요합니다."

권은빈이 말을 이어받았다.

"저희 연구소에서 브레인 칩을 모방한 메모리 칩을 개발하고 있습니다. 박차를 가하고는 있지만 2주일 정도 시간이 더 필요합니다. 그리고 얼마 전부터 모나크에서 사원을 채용할 때 인종, 성별, 연령 등 그 어떤 사유로도 차별하지 않는다는 고용 차별 금지법의 예외 조항이 효력을 발생하기 시작했어요. 한정민 씨 입사 이틀 후부터 말이에요. 그 예외 조항에 따르면 정보 처리 업무 사원에 한해 브레인 칩 시술을 받지 않은 자는 회사에 강제 퇴사 권한이 있다고 합니다. 조만간 모나크에서 브레인 칩 시술 여부 검사를 한다는 얘기가 있어요. 각자 알아서 잘 버텨 주셔야 합니다. 만일 적발되어 브레인 칩 시술을 받는다면, 어쩔 수 없이 그분은 저희와 함께 갈 수 없습니다. 조심하시기 바랍니다."

그녀의 말은 우리를 순간 정적에 빠뜨렸다. 하지만 어느 때보다 사람들의 눈빛은 확고했다. 이들에게 선택권이 주어진 일이고, 이 길을 선택한 사람들이다.

"그런데 메모리 칩은 정확히 어떤 것인가요?"

내가 물었다.

"브레인 칩으로 오인할 수 있는 장치입니다. 그런데 브레인 칩과 달리 뇌와 시냅시스 되어 있지 않아 인간 뇌의 자율성이 보존되지요. 브레인 칩에 담겨 있는 기본 정보와 육체의 움직임을 컨트롤하는 OS가 메모리 칩에도 담겨 있어요. 그래서 브레인 칩 테스트를 무사히 통과할 수 있지요. "

"힘들겠지만 개발을 좀 더 서둘러 주시면 좋겠네요. 저도 보고드릴 사항이 있습니다. 이번에 철학 책을 데이터베이스화하는 과정에서 생기는 오류 수정 업무를 진행했어요. 자세히 살펴보니,《법의 정신》에서 삼권 분립을 구현한 영국을 설명하는 내용이 이전 판본에는 없다가, 이번 새 판본에는 들어가 있었습니다. 이러한 변화가 뭘 뜻하는지 고민을 함께해 봐야 할 것 같습니다. 아마 모나크는《법의 정신》에 근거해 헌법을 만드는 것처럼 새로운 제국을 건설할 모양이에요. 지난번에《법의 정신》원본을 숙지해 오기로 한 것 잊지 않으셨죠? 다음 모임에서 심도 깊게 의견을 교환하면 좋겠습니다."

내 말에 모두들 고개를 끄덕였다. 그리고 회장의 비서에 따르면 모나크는《법의 정신》의 원본 훼손과 함께 민주주의와 관련된 모든 정보를 암암리에 폐기시키고 있다고 했다. 이 작업도 거의 마무리 단계에 와 있고, 아마 우리 도서관도 곧 문을 닫게 될 처지에 놓일 거라고 전해 주었다.

《법의 정신》 원본도 챙기고 다시 정리해야 할 물건이 없는지 도서관으로 가 봐야 했다. 회의를 마치고 권은빈에게 부탁해 함께 도서관으로 향했다.

"결국 우리 도서관까지 사라지는군요. 철학 책을 정리해서 집에 가져다 놔야겠어요."

"그래요. 예상했던 속도보다 모나크의 움직임이 빨라요. 앞으로의 상황을 더욱 주시해야 해요."

도서관 사무실로 들어오니 책상이 지저분하다. 현준이 녀석이 청소를 제대로 하지 않았나 보다. 철학 책이 꽂혀 있는 서가로 이동했다. 조만간 이 책이 전부 폐기된다는 얘기구나. 한 권씩 제목을 훑으며 걸어갔다. 그런데 아무리 찾아봐도 《법의 정신》이 없다. 아, 담이가 갖고 있다는 걸 깜빡했네. 핸드폰을 꺼내 담이에게 전화를 걸었다.

"여보세요? 담이니? 오랜만이다."

"선생님! 어디 멀리 가시는 것 같아서 연락 안 드렸었는데, 어쩐 일이세요?"

"음, 담아. 《법의 정신》은 다 읽었니? 혹시 궁금한 거 있으면 물어보라고 전화했지."

"있어요! 완전 많아요. 뭐냐 하면⋯⋯."

에고, 큰일이네. 그녀가 기다고 있는데……. 하지만 담이의 신난 목소리를 들으니 얘기를 들어주는 수밖에 없다.

"선생님, 정체 형태에는 세 가지가 있잖아요. 인민 전체 또는 몇몇 귀족이 주권을 가지는 공화 정체, 군주가 주권을 가지지만 그것을 정해진 법에서 행사해야 하는 군주 정체, 오직 한 사람만이 주권을 가지고 자기 뜻대로 통치하는 전제 정체. 그런데 정체의 형태가 다르니까 그 정체를 움직이는 생각이나 감정도 다 다르다고 할 수 있죠?"

"그렇지. 몽테스키외는 그것을 정체의 원리라고 설명해. 먼저 민주 정체의 원리는 덕성이야. 덕성이란 조국과 민족에 대한 사랑, 참다운 영광에 대한 소망, 가장 귀중한 이익을 위한 희생정신을 말해. 몽테스키외는 이러한 덕성이 없으면 어떤 나라도 민주 정체를 유지할 수 없다고 주장했지. 민주 정체와 마찬가지로 귀족 정체 또한 덕성이 필요해."

"민주 정체만큼 덕성이 필요한 거예요?"

"아니, 그렇지는 않아. 귀족 정체는 민주 정체가 가지지 못한 힘을 가지고 있어. 귀족은 단체를 만들어 그들의 이익을 위해 인민을 억압할 수 있지. 하지만 자신들의 욕심을 통제하기는 힘들어."

"귀족 정체를 통제하는 방법이 있을 것도 같은데요?"

"응, 귀족 정체를 통제하는 방법에는 두 가지가 있어. 첫 번째는 위대한 덕성을 길러 인민과 귀족을 평등하게 만드는 것. 두 번째는 귀족을 인민과 동등하게 여기는 절제를 가지는 거야. 첫 번째 방법은 인민과 귀족을 평등하게 만들어 위대한 공화국을 이룰 수 있게 하고, 두 번째 방법인 절제는 귀족의 힘과 품위를 존중받게 해 주지. 그러니까 절제가 귀족 정체를 완성시키는 거야."

"덕성과 절제가 공화 정체를 유지하는 힘이겠군요. 그럼 군주 정체는요?"

"군주 정체가 유지되려면 신분 질서가 아주 중요해. 신분에 따른 특권이 다르기 때문이야. 그런데 이 질서가 유지되기 위해서는 각 신분에 위치한 사람들이 서로의 신분을 인정해 주어야 하겠지? 그렇기 때문에 군주 정체의 원리는 명예야. 공화정에서 야심을 가지면 위험한 일이 될 수 있지만, 군주 정체에서는 좋은 결과를 가져와. 그 이유가 뭘까?"

"음……, 아! 앞서 선생님이 말씀하셨 듯이 명예 때문이죠. 야심이라는 게 명예를 얻기 위해 노력하는 거잖아요. 그러한 것이 경쟁으로 이어져서 사회 발전을 일으킬 것 같아요."

"담이 말이 맞아. 조금 더 구체적으로 말하면 권력이 한쪽으로 치우치지 않게 돼. 정치적 안정이 이루어지는 거야. 이처럼 명예는 군주 정체의 모든 부분을 움직이며 그 작용에 의해 여러 부분을 결합시키고 공동의 선을 추구하도록 해 줘."

"명예로 유지되는 사회…… 생각보다 이상적이네요."

"그렇지. 많은 사람들이 군주 정체를 오해를 하는데, 사실 원리만 잘 구현하면 나쁘지 않은 정치 체제 중 하나지."

"그렇다면 전제 정체의 원리는 뭐예요?"

"전제 정체의 원리는 공포야. 전제 정체에서는 통치자 한 사람 외에 모든 인간이 평등하므로 아무도 자신을 남보다 우위에 놓을 수 없어. 이런 정체에서 명예는 아무런 의미가 없지. 그런데 권력에 욕심이 있는 사람은 통치자의 자리를 엿볼 수 있겠지? 그러니까 군주는 이런 일을 막기 위해서 사람들에게 공포심을 주는 거야. 군주는 신하와 인민 들에게 최대한의 복종을 요구해. 그래서 전제 정체는 통치자가 오류를 저지르면 나라가 위태로워지는 거야."

"선생님 말씀을 듣고 가만히 생각해 보니 제가 이해한 게 맞는 것 같아요. 전제 정치는 법이 없는 상태이고, 다른 나머지, 그러니까 공화제의 민주 정체나 귀족 정체, 그리고 군주제는 법이 있는 상태지요?"

"네 말이 맞아."

"선생님, 그리고 이건 새롭게 발견한 사실인데요.《법의 정신》의 불어 원전 제목이《De l'esprit des lois》더라고요. 'loi'가 '법'이고 'lois'는 '법들'이니까《법의 정신》이 아니라 정확히는《법들의 정신》이에요."

담이는 내가 미처 생각하지 못한 이야기까지 꺼내고 있었다.

"법이 있는 사회와 법이 없는 사회가 존재하는데, 전제 정체는 법이 없는 사회니까 나머지 공화제나 군주제 사회에만 있는 어떤 공통된 정신이 있다는 얘기죠?"

"놀라운걸! 이제는 선생님보다 네 생각이 훨씬 깊은 것 같다. 담아, 그런데 선생님이 네가 가지고 있는 《법의 정신》이 필요하거든. 책 돌려받을 때 그 정신이 무엇인지에 대해서 얘기해 보도록 하자."

"네, 선생님! 전화 주시면 책 가지고 나갈게요."

"그래, 곧 연락하마."

담이의 질문 덕에 복잡했던 머릿속이 많이 정리되었다.

참, 그녀한테 빨리 가 봐야겠다. 손끝으로 책을 훑으며 책장을 빠져나가는데 뭔가 덜컥하고 걸린다. 책꽂이 틈새에 못 보던 책이 한 권 꽂혀 있다. 일부러 숨겨 놓은 듯이. 문학 파트에 있어야 할 시집이 왜 여기에 꽂혀 있지? 그 시집은 유희경 시인의 《오늘 아침 단어》.

내가 좋아하는 시집이네. 한창 이 시집을 읽고 가슴 설레서 아버지한테 시인이 되겠다고 말한 적이 있었는데.

시집을 펼쳐 들어 '지갑을 잃어버리고 난 다음에야, 나는 코트 속 아버지를 발견한다'로 시작되는 〈코트 속 아버지〉라는 제목의 시를 나지막이 읊조렸다. 그 시처럼 아버지와 나는 서로 늘 낯설고, 이해하지 못하고, 빗나가는 물음을 던져 왔다. 나는 아버지와 나의 거리감을 대신 표현해 주는 이 시를 읽으며 종종 눈물을 떨어뜨리곤

했다.

가슴이 아려 왔다. 다른 시를 펴려는 순간 여러 조각을 이어 붙인 종이 한 장이 떨어졌다.

브레인 칩은 실패작이다. 칩 안에 저장된 정보가 새로운 정보와 모순이 될 경우 브레인 칩을 내장한 사람의 뇌 의식 층위가 비활성화 된다. 한마디로 사고가 멈추는 것이다. 따라서 이 기술은 완전한 정보 독재가 아닌 이상 상품화가 될 수 없다.

— 2022년 8월 4일

과학자들이 브레인 칩이 실패작인 것을 알면서도 프로젝트를 진행하고 있다. 무슨 생각인 거지? 설마 이 사람들이 정보를 조작하려는 것인가? 만약에 그렇다면 WANR 운동의 대표들이 위험하다. 이 일을 조심히 처리하지 않으면 우리 가족까지 위험에 빠질 수 있다.

— 2022년 12월 14일

만일을 대비해 브레인 칩 시술을 한 사람들을 상대하는 법을 연구했다. 말이나 글로 설명한 정보는 브레인 칩이 무의식의 영역으로 보내 버리기 때문에 브레인 칩에 직접 모순되는 정보를 주입시

켜야 한다. USB에 모순되는 정보를 모아서 넣고 있다.

– 2025년 8월 18일

설계를 완료했다. 이제 기술자에게 맡기기만 하면 모든 게 해결될 것이다. 브레인 칩에 정보를 넣을 때, 이 USB를 꽂으면 된다. 차후 모나크에서 정보가 모순되지 않도록 다른 수를 쓰겠지만, 이것을 사용할 당시의 브레인 칩에 들어 있는 정보를 잘 파악해 모순되는 정보를 추가 업데이트시키면 문제가 없을 것이다.

– 2027년 2월 28일

듬성듬성 날짜를 건너뛰며 이어 붙인 아버지의 일기장. USB 칩도 붙어 있다. 내가 좋아하는 시집에 끼워 놓으신 걸로 봐서 언젠가 내가 발견하길 바란 듯하다.

"이거다! 모나크에 대항할 수 있는 무기."

나는 얼른 짐을 챙겨 밖으로 나왔다.

"지금 당장 회의할 수 있도록 연락을 취해 주세요."

"무슨 일인데 그러세요?"

"가면서 설명하겠습니다. 빨리 좀 부탁할게요."

급히 차에 올라타 워크숍 카페로 향했다. 채 30분이 되지 않아 모두가 모였다.

"다들 늦지 않게 도착하셨네요. 오늘 도서관에서 짐 정리를 하다가 저희 아버지께서 남긴 것으로 보이는 쪽지 하나와 USB를 발견했습니다. 이 USB가 모나크 세력에 대항할 수 있는 하나의 무기가 될수 있을 것으로 보입니다."

USB를 컴퓨터에 연결해 스크린에 띄우고, 사람들에게 설명을 이어 갔다.

"그렇군요. 브레인 칩에 모순된 정보를 직접 주입시키면 해결되는 문제였어요. 통제되지 않은, 예기치 않은 정보의 주입으로 모나크세력을 무력화시킬 수 있을 겁니다. 제가 이 USB를 연구소로 가져가서 빠른 시일 내에 업데이트를 해 보겠습니다. 수고 많았어요."

"별말씀을요. 모순된 정보 투입이라는 점을 잘 이용하면 생각보다 쉽게 모나크의 계획을 멈출 수 있을 것 같습니다. 이렇게 늦은 시간에 모여 주셔서 감사합니다."

우리는 모나크의 눈을 피해 새로운 소식을 재빨리 공유하고 헤어졌다.

후, 오늘은 걸어가면서 머리 좀 식힐까. 아버지는 내가 시 쓰는 것을 싫어하셨다. 돈벌이가 되지 않는 일은 미래에 결혼을 하고 가정을 이루는 데 방해가 된다면서. 아버지는 어떤 사소한 결정도 당신 뜻대로 하고자 하셨고, 당신의 맘에 들지 않는 일이면 하지 못하게 했다.

대학에 들어가서도 아버지의 눈치를 보면서 몰래 글을 쓰곤 했

다. 아버지가 돌아가시고, 그런 장면을 떠올리면 항상 마음이 아려
왔다. 훗날 아버지의 서랍 속에서 발견된 일기장에는 만일 불의의 일
로 당신 삶이 그치면 내가 도서관을 지키기 바란다고 적어 두셨다.
그때까지도 나는 아버지가 내 삶을 쥐고 흔들고 있다고 생각했다. 이
시집이 다시 한 번 그 순간을 생각나게 했다.

모나크 회장
독고재

회사는 바쁘게 돌아갔다. 며칠 후 담이를 만나《법의 정신》원문을 돌려받았고, 그것을 복사해 '디마크러시' 사람들에게 나누어 주었다. 특별히 담이에게도 '법들을 관통하는 정신'이 무엇인지 고민해 달라고 부탁했다. 물론 그 정신은 모두가 풀어야 할 문제이기도 하다.《법의 정신》이 워낙 방대한 양이긴 하지만 다들 열심히 읽어 오겠다고 했으니, 함께 모여서 토론을 하면 힌트를 얻을 수 있을 것 같다.

그사이 입사 동기인 김무준에게 변화가 생겼다. 그가 법무팀으로 옮겨 간 것이다. 법무팀장이 매번 그를 호출할 때마다 그 방에서는 칭찬 세례가 끊이질 않았다. 그러한 상황으로 미루어 보건대 모나크가 법률 제정과 관련해서 바짝 박차를 가하는 듯하다.

다시 업무에 몰입하고 있을 때, 컴퓨터 화면에 메시지가 떴다.

'지금부터 개발팀 브레인 칩 시술 여부 조사가 있겠습니다.'

이렇게나 빨리 검사를 시작할 줄이야. 메모리 칩 개발엔 아직 시간이 더 걸린다고 했는데. 권은빈에게 전화를 걸었다.

"지금 통화 가능하신가요?"

"네, 말씀하세요."

"개발팀 브레인 칩 검사가 있을 예정이라는 메시지가 왔습니다. 어떻게 하면 좋을까요?"

"드디어 시작되었군요. 안타깝지만 지금으로선 저도 도와드릴 방법이 없습니다. 일단 오늘만 잘 버텨 주시길 바랍니다. 실은 메모리 칩 샘플이 막 완성되긴 했지만, 시술을 하려면 당신이 연구실로 직접 와야 해요."

"알겠습니다. 어떻게든 해 볼게요."

전화를 끊고, 대책을 마련하기 위해 머리를 싸맸다. 아, 도저히 방법을 모르겠어. 그때 정 대리님이 팀 사람들에게 외쳤다.

"자, 여러분 저희 팀 조사 받으러 내려갈게요. 2층 검사실로 모이시면 됩니다. 한 명도 빠짐없이 가셔야 합니다. 거기 신입! 얼른 가자."

"네……, 네!"

검사실에 줄이 길게 늘어서 있다. 사람들이 구시렁대기 시작했다.

"그냥 뒤통수에 USB 구멍이 있나 없나만 보면 되지, 왜 검사실까지 부르는 거야?"

"이런 기회에 10분이라도 쉬고 좋지 뭐."

줄은 점점 짧아지고 계속 식은땀만 흘렸다. 드디어 내 차례가 되었다. 이대로 걸리고 마는 걸까. 그때 팀장님의 핸드폰으로 전화가 왔다.

"여보세요? 네, 지금 제 옆에 있습니다. 지금 당장이요? 아, 네, 알겠습니다."

모나크 회장인 독고재의 호출이다. 팀장님이 아니고, 나를 부르는 전화였다. 회장이 나를? 어쩌지? 우선 이 위기부터 넘기고 다시 생각하자.

"팀장님, 근데 어디로 가야 하죠?"

"301층으로 가 봐."

"네, 알겠습니다."

대답은 큰 소리로 했지만 떨리는 건 어쩔 수 없었다. 어떤 일이 벌어지고 있는 거지? 초고속 엘리베이터를 타고 301층까지 가는 얼마 안 되는 시간 동안 머릿속이 하얗게 변했다. 엘리베이터에서 내리자 회장실 출입구가 보였다. 회장실을 지키는 경호원에게 말을 꺼냈다.

"한정민입니다. 회장님 호출이 있어서요."

"네, 이쪽으로 가십시오."

꿀꺽 침을 삼키고 들어서니 회장의 비서가 앉아 있었다. 그녀가 '제가 회장님 일정을 바꿨어요.'라는 메모를 보여 주었다. 오늘 브레인 칩 검사가 있다는 걸 알고 있었구나. 살짝 눈인사를 나눴다. 10미터를 걸어 들어왔는데 다시 10미터 이상을 걸으니 비로소 회장실 문에 닿았다. 모나크 빌딩만큼이나 어마어마한 규모다. 회장실 앞에 기재된 독고재 회장의 이름이 눈에 들어온다.

"안녕하십니까, 처음 뵙겠습니다. 신입 사원 한정민입니다."

"반갑네, 내가 모나크의 회장 독고재일세."

악수를 청하는 그의 손이 의외로 따뜻하다. 바라보는 눈빛도 인자하다. 뜻밖의 편안함이다.

"우리 회사의 사원이 된 걸 축하하네. 눈여겨보고 있다네. 자네는 내 아들을 참 많이 닮았어."

단지 그게 나를 부른 이유인 건가?

"실례가 아니라면 아드님이 몇 살인지 여쭤도 됩니까?"

"살아 있으면 자네 나이쯤이겠네."

"아, 제가 실언을 한 것 같습니다. 죄송합니다."

"아니네. 면접 볼 때부터 자네를 유심히 지켜봤지."

"면접 때 회장님은 계시지 않았는데요……."

"보기보다 순진하군. 면접관이 면접하는 장면을 원격 장치로 보고 있었지."

"그러셨군요. 그런데 외람된 질문이지만, 아드님은 어떻게……."

"지금 생각해 보면 내가 욕심이 과했지. 결과적으로 내가 아들을 죽인 셈이라는 생각이 들곤 하니까. 자네도 알다시피 모나크는 우리나라를 위해 헌신했네. 다만 통일 전에 남한과 북한의 입장이 달랐지. 남한은 첨단 인터넷 기반을 가진 것이 우위였고 북한은 희토류를 가진 것이 우위였네. 내 아들은 유능한 컴퓨터 프로그래머로 희토류 탐사 로봇의 조정 프로그램을 개발했다네. 통일 후에도 세계 희토류 매장 지역을 돌아다니며 희토류 탐사 업무를 수행했네. 그러다 아프리카 내륙에서 희토류 대량 매장 지역을 찾아냈지. 다른 나라가 이 사실을 눈치채기 전에 우리나라가 그 지역을 선점하려 애썼지만, 그사이에 아프리카 원주민들이 아들을 사살했네."

"억울한 죽음이네요."

"그들은 그저 아무것도 모른 채 이방인이 활개 치면 자기들에게 좋을 것이 없다는 과거의 경험 때문에 그 애를 죽이고 말았어. 단지 이방인이라는 이유로."

"그럼 우리 정부에서는 어떠한 조치도 취하지 않았나요?"

"내가 절망한 것이 바로 그 점일세. 나는 국가를 위해 아들을 오지에 보냈네. 그런데 오지에 갔던 아들이 싸늘한 시신이 되었는데도 대한조선민국은 내 아들의 죽음을 그냥 덮어 버렸어."

"말도 안 되는 일이 벌어졌군요. 그런데 왜죠?"

독고재 회장의 말에 따르면 이유는 하나였다. 바로 희토류. 아들의 죽음을 문제시했을 때 아프리카 각국은 그 어떤 외부 국가와도 교류를 단절하겠다고 선포했다. 정부는 희토류만큼은 어떻게든 확보하고 싶었기 때문에 아들의 죽음에 대해 눈감으라고 압박했다. 그리고 회장은 그렇게 눈을 감고 지켜보고만 있었다.

"하지만 그 일이 불행한 것만은 아니었네. 모나크가 희토류 개발, 전자 전기 업종과 관련한 사업을 독점하게 되었으니 지금의 모나크가 있을 수 있었지. 삶을 살다 보면 어떤 일에든 나쁜 면만 있진 않지. 자네가 하도 내 아들을 닮아서 이런저런 이야기를 하고 싶었을 뿐이야."

독고재 회장에게서 아들을 잃은 아버지의 슬픔과 사업가로서의 냉정한 면모가 동시에 느껴졌다.

"사실 저도 회장님을 뵙자마자 저희 아버지가 생각났습니다."

"한동한 박사를 말하는 겐가?"

"저희 아버지를 아십니까?"

"잘 몰랐겠지만 나와 한동한 박사는 오랜 친굴세."

"전혀 뜻밖입니다. 사실 저는 아버지를 원망 많이 했어요. 저에게 너무 엄하셨거든요."

"허허, 자네 아버지가 자네 얘길 유독 많이 했네. 심성이 너무 곧아 국가를 맡겨 놓으면 그 국가는 정말 유토피아처럼 행복한 나라가 될 거라고도 말씀하셨지."

"저는 늘 야단만 맞았는걸요. 쓸데없는 책이나 읽는다고요."

"책? 요즘도 책을 읽나? 브레인 칩이 있는데?"

"아, 아직 브레인 칩으로는 문학 서적은 접하지 못해서요. 문학 책을 읽고 있습니다."

자연스럽게 대화를 이어 가다가 큰일 날 뻔했다. 무심코 브레인 칩 시술 조사가 있었다는 것도 잊고 책 얘기를 늘어놓을 뻔했다.

"책 얘기가 나와서 말인데, 자네 혹시 《법의 정신》을 읽어 보았나?"

모나크 회장이 무슨 눈치라도 채고 물어보는 건 아닌가.

"예, 학생 때 읽긴 읽었는데요. 이해를 잘 못한 것 같고 지금은 기억도 가물가물합니다."

"아직 브레인 칩에 정보를 넣지 않았나 보군?"

"아, 네. 아직 입력을 못했습니다."

"모나크 직원은 무슨 정보든 무료로 브레인 칩에 넣을 수 있으니 탑재하게. 화제를 바꿔서 이런 질문은 어떤가? 자넨 자네가 살고 있는 국가가 평등하거나 자유롭거나 둘 중 하나라면 평등한 게 좋은가, 자유로운 게 좋은가?"

나는 일단 모든 사람이 자유로운 나라는 불가능할 것이라고 답했다. 서로의 자유에 제한을 가하는 게 법이다. 그래서 '법 안에서 자유롭다'고 하는 게 아닌가. 내가 자유롭고자 하면 타인의 자유를 침해하게 되어 있다. 평등의 원리가 보완되어야만 서로 평등하게 자유로울 수 있으니까 말이다. 평등의 원리로 보완하지 않은 자유는 만인의 부자유 위에 선 단 한 명의 자유, 즉 전제 군주의 자유 아닐까.

나는 원리상 불가능한 자유의 편이 아니라 평등의 편을 들겠다고 하고 말을 마쳤다.

"그렇다면 몽테스키외는 어떻게 생각했던 것 같나?"

"몽테스키외도 민주주의 사회는 평등 위에 성립한다고 생각했습니다."

"하지만 그는 군주제를 지지했네. 민주주의 사회가 아니라."

지금은 논쟁보다는 독고재의 의중을 들어 봐야 할 듯싶었다.

"그렇군요."

"자네는 사람들의 능력이 저마다 다른데 사람들에게 동등한 판단의 권리를 주는 것이 옳다고 보는가?"

"그래서 교육을 하는 거지요. 아이는 어른과 동등한 판단 능력이 없지만 교육을 해서 앞으로 동등한 판단 능력을 가지게 됩니다. 막 입사한 제가 상사와 동등한 판단 능력을 갖추진 못했지만 저를 가르치고 계신 것처럼 말이에요."

독고재 회장은 내 이야기를 듣고는 자기 아들처럼 이상론을 늘어놓는다고 솔직히 말했다. 그의 아들은 노블레스 오블리주를 거론하며 솔선해서 오지로 갔고, 그곳에서 죽음을 맞았다. 독고재는 우리에겐 이상론이 필요한 게 아니라 현실론이 필요하다고 했다. 판단은 판단을 잘하는 일부가 하고, 대부분의 사람은 잘 판단해 놓은 질서 속에서 평온하고 순응적으로 사는 게 더 좋지 않겠냐면서. 그러고는 사람들에게 쓸모 있는 지식만을 브레인 칩으로 전파할 거라고 강조했다.

"지금 세계는 핵전쟁의 여파로 건강하지만 배우지 못할 정도로 가난한 사람들, 그리고 재산은 있지만 몸이 파괴된 사람들로 양분되어 있다네. 몸이 파괴된 사람들에게는 브레인 칩으로 그들을 움직일 수 있게 돕고, 가난한 사람들에겐 무료로 브레인 칩을 이식해 그들의 머리를 움직이게 할 걸세. 지금은 폐허가 된 지구를 잘 돌아가는 기계처럼 가꾸고 싶네. 그 일을 실현해 줄 사람들을 우리 회사에 모았고. 난 우리 회사 직원들을 '아름다운 자'라고 부르고 있네. 아름다운 사람 가운데 최고로 아름다운 사람이 다스리는 나라를 꿈꾼다네. 그러니 자네에게 거는 기대가 커."

모두 동의할 수는 없는 말이지만 인간적인 아련함이 느껴지기도 한다. 이상하게도 독고재가 아주 나쁜 사람이 아니라는 생각도 든다.

"앞으로도 계속 자네를 지켜볼 걸세. 일 열심히 배우게."

"감사합니다."

"자네, 이번 면접 경쟁률이 어땠는지 기억하는가?"

"500대 1 정도라고 들었습니다!"

"그래, 그런데 왜 자네가 뽑혔다고 생각하는가?"

"면접 당시 저는 모나크가 취약한 문학 데이터베이스를 만들겠다고 말씀드렸습니다. 문학 데이터는 사람들의 공감 능력을 위해 필요하다고 생각합니다. 공감 능력이 퇴화되면 방금 회장님이 말씀하신 아무리 좋은 세상을 만들어 주어도 그것에 대해 기쁨이나 슬픔을 느끼지 못합니다. 그런데 문학이라는 것, 혹은 문학을 포함한 예술은 사람들이 감정을 나누도록 해 줍니다. 그것은 객관적인 정보도 경험도 아니죠. 공감 능력을 만들어 낼 수 있는 문학을 구축하는 것이 저를 뽑은 이유라고 생각합니다.”

“바로 그거네. 문학을 객관적으로 만들어 보는 게 어떤가? 친구가 괴롭힘을 당하면 화를 내야 하고, 부모님이 돌아가시면 우는 것처럼, 그런 단순한 감정만 느끼도록 고치는 것이지. 물론 그렇게 하면 재미가 없어지는 것도 당연하지. 하지만 정보의 주입이라는 것은 읽는 것이 아니고 말 그대로 흡수하는 거야. 따라서 우리는 흥미를 느낄 필요가 전혀 없어. 그냥 사람들에게 그것의 내용을 알게 하면 된다는 걸세. 무슨 말인지 알겠나?”

“하지만 회장님 그렇게 하면…….”

“뭐, 문제될 것이라도 있나?”

잠깐만, 오히려 이것은 기회가 될 수도 있다. 팀 내부에서 프로젝트를 주도적으로 진행하는 것이니까 빠른 시일 내에 신뢰를 얻을 수 있을지도 모른다. 나는 허리를 쭉 펴면서 대답했다.

“네! 그렇게 하도록 하겠습니다.”

“하하. 믿음직스럽구먼. 필요한 것이 있으면 말하게. 무엇이든 지원해 줄 테니까."

"열심히 하겠습니다!"

액션을 취하다

회장과의 면담이 끝난 후 자리로 돌아와 앉았다. 그를 만나면 혹시 나 주먹이 먼저 나가진 않을까 걱정했는데, 그런 생각이 전혀 들지 않을 정도로 정상이었다. 회장은 중후한 목소리에 인자한 미소를 하고 있었다. 저 사람이 우리 부모님을 그렇게 만들었다니. 돈과 권력 때문에 이런 일을 벌였다는 게 믿기지 않을 정도다. 이토록 인간이 겉과 속이 다른 존재일 수 있는 건가. 나는 한참 동안 멍하니 있었다. 그러고 나서 브레인 칩 검사가 다시 시작되지 않을까 하는 불안감에 퇴근하자마자 메모리 칩 시술을 받기 위해 연구실로 향했다.

언제 와도 참 신기하단 말이지. 얼마 전까지 도서관에서 책만 읽던 내가 이런 비밀 시설에 들락날락거리니. 다시 글을 쓰게 될 날이 온다면 지금까지 겪은 이야기를 써 봐야겠다는 생각이 들었다. 나는 곧장 연구소의 이정암 박사를 찾아갔다.

"박사님!"

"정민 씨, 오랜만이군요. 권은빈 소장에게 여길 찾아올 거라는 애길 들었어요. 개발팀에 들어갔다던데 일은 어떤가요?"

"열심히 배우고 있는 상황이라……. 그런데 이 박사님은 정기 회의 때 잘 안 나오시나 봐요?"

"저야 뭐 연구소 밖을 나갈 일이 별로 없지요. 요즘 메모리 칩 개발로 바쁘기도 했고요."

"마침 말씀 잘하셨습니다. 메모리 칩 샘플이 완성됐다고 들었어요. 지금 저희 팀 브레인 칩 검사가 진행 중이에요. 샘플이라도 바로 수술 좀 부탁드려요."

"아, 상황이 급박하게 돌아가고 있군요. 그런데 이건 그야말로 샘플 수준이라 어떤 부작용이 있을지 아직 파악이 되지 않았습니다."

"지금 시술을 받겠다고 하는 건 무모한 선택일까요?"

"어느 정도의 위험성은 감수해야 할 상황이긴 한데……. 모나크에서 개발한 기술로 똑같이 만들었고, 뇌파와 연결되는 시냅시스 장치 부분만 없애 버린 거예요. 그냥 피어싱 같은 거라고 생각하면 돼요. 하지만 어디까지나 샘플이라는 걸 알아야 해요. 샘플은 아주 소수로 만들었습니다. 만약, 시술을 받은 정민 씨에게 아무런 문제도 발견되지 않는다면 대량 생산에 들어갈 수도 있을 것 같아요. 어때요, 시험대에 오르시겠어요?"

"기꺼이 그렇게 하겠습니다."

"격렬한 운동도 할 수 있도록 충격 완화 장치도 만들었으니 안심

해도 됩니다. 그럼 시작해 볼까요?"

그의 말이 끝나자마자 정신이 혼미해졌다. 머리 위에 형광등이 선풍기처럼 돌아가더니 이내 눈앞이 까매진다. 눈앞으로 옛날에 가족과 같이 놀러 갔던 계곡이 보인다. 그곳엔 젊은 어머니와 아버지, 그리고 여섯 살 남짓한 내가 있다. 두 분은 나를 보며 웃고 있고, 내가 알은체를 하자 서서히 먼 곳으로 사라진다. 점처럼 보이는 하얀 빛만이 잔상으로 남는다.

"어때요? 정신이 들어요?"

"으으, 네……."

"다행이네요. 처음으로 한 시술이었는데 비교적 성공한 것 같군요."

"약간은 어지럽네요. 지금 몇 시나 됐나요?"

"오전 7시입니다. 여기서 바로 출근해야 할 겁니다."

"박사님도 고생 많으셨습니다. 그럼 저는 이만."

간단히 씻고 바로 회사로 향했다. 오늘은 오전 10시에 회의가 있는 날이다. 회의 시작 전에 브레인 칩 검사실로 발걸음을 옮겼다.

"저, 개발팀 직원인데요. 어제 검사를 못 받아서 다시 왔습니다."

"네, 앉으세요."

그런데 검사를 하던 사람이 갑자기 고개를 갸우뚱하면서 물었다.

"브레인 칩 수술하신 지 얼마나 되셨죠?"

"꽤 오래됐습니다. 무슨 이상이라도 발견됐나요?"

"이상하네요. 상처가 아직 아물지 않은 것 같아서요. 마치 어제 수술받은 사람처럼 말이죠."

"뭔가 착각을 하신 것 같습니다. 다시 한 번 살펴보세요."

"이번 검사의 목적은 브레인 칩 시술 여부입니다. 어쨌든 브레인 칩 시술은 확인된 셈이니 들어가 보셔도 괜찮습니다."

휴, 간 떨어질 뻔했네. 서둘러 사무실로 돌아와 회의에 들어갔다. 그런데 지난 회의와는 다르게 뭔가 중대한 발표가 있는 듯했다. 회의실 앞에서 준비하고 있는 것으로 보아 발표자는 법무팀 김무준인 것 같다.

"자, 회의 시작하겠습니다. 일단 앞서서 법무팀에서 드릴 말씀이 있으니 앞을 좀 봐 주시겠습니까? 김무준 씨, 시작하지."

"네, 이번에 저희 팀에서 브레인 칩과 관련된 법률 중 문제점을 발견했습니다. 브레인 칩이 개발되고 나서 범죄율이 전반적으로 줄어든 사실은 모두 아실 거라 생각합니다. 그런데 이상하게 줄어들지 않은 범죄 분야가 사이버 공간에서의 불법 정보 공유 현상이었습니다. 각 나라마다 다른 정보 통신법을 일원화하는 과정에서 법 문구가 모호하거나 빼먹은 문장이 있더군요. 그래서 이번에 저희가 정보 통신법 보충 버전을 판매하기보다는 브레인 칩을 이용하는 모든 사람에게 무상으로 업데이트를 해 주려고 합니다. 이번 업데이트는 브레인 칩을 장착한 전부가 반드시 참여할 수 있도록 대대적으로 공지를 할 것이며, 하루 만에 신속히 모든 일을 완료하려 합니다. 장소는 소속된 주민 센터에서 진행할 예정입니다. 지금 업데이트 프로그램을 개발 진행 중이고, 앞으로 3개월 정도의 시간이 걸릴 것 같습니다. 감사합니다."

브레인 칩 무료 시술 지원과 함께 모나크의 독재 프로젝트가 본격적인 시동을 거는 건가. 정보 통신법 업그레이드를 빌미로 다른 모든 정보의 교류까지 통제하려는 속셈이군.

"자, 그럼 이제 개발팀 회의를 시작하겠습니다. 한 명씩 나와서 성과 보고하게나."

문학 파트는 정 대리님이 나가 보고했다.

"신입이 들어오고 나서부터는 성과가 더 좋단 말이야. 너무 부려 먹는 것 아닌가?"

"신입이 일 처리가 정말 빨라서, 일을 계속 줘도 모자랄 지경입니다."

"역시 이번 신입은 아주 제대로 뽑았어. 자, 성과 보고는 마무리가 됐으니, 추가로 안건 제시할 사람 있나?"

내가 손을 들었다.

"얼마 전에 운 좋게도 회장님과 이야기를 나눌 수 있는 시간이 있었습니다. 회장님께서는 감정이 제거된 문학을 원하셨습니다. 이번에 개발하는 데이터는 문화적인 것뿐만 아니라 어쩌면 사람들의 감정도 통제할 수 있을 것이라고 생각합니다. 현대 소설이나 시집을 복잡하게 얽힌 감정이 아닌, 단순한 감정으로만 그려 낼 테니까요."

"흠……, 글쎄. 브레인 칩이 보급되면서 사람들이 문학을 더욱 안 읽게 되었지. 워낙 정보가 거미줄처럼 잘 짜여 있으니까, 문학이라는 복잡한 요소가 들어가면 혹시라도 문제가 생기지 않을까?"

"거미줄을 한 가닥으로 풀어 버리는 겁니다. 아주 간결하게 말이죠."

"그래, 그럼 너무 오랜 시간을 투자하진 말고, 샘플을 만들어 와 보게. 내가 한번 보고 결정하도록 하지."

회의가 끝나고 권은빈에게 긴급 소집을 부탁했다. 퇴근을 하고 바로 워크숍 카페로 갔다. 오랜만에 연구소의 이정암 박사도 참석했다. 도착하자마자 나는 이번 회의 때 나온 이야기를 전달했다. 관장님이 먼저 말을 꺼냈다.

"3개월이란 말이지? 우리가 애초에 짜 놓았던 것보다 상황이 훨씬 빨리 진행되고 있어. 이렇게 되면 우리도 계획을 앞당겨야겠네."

권은빈이 관장님의 말을 받아 이야기를 했다.

"우리에겐 지난번 도서관에서 가져온 한동한 박사님의 USB 정보가 확보되어 있잖아요. 여기서 더 필요한 것은 모나크의 중앙 정보관리실에서 통제하고 있는 정보예요. 브레인 칩에 들어가는 추가 정보를 확인해야 이와 모순되는 정보를 정확히 구축할 수 있어요. 정민 씨가 추가 정보와 함께 브레인 칩에 들어가는 모든 정보를 빼내야 해요. 그래야만 우리가 그것을 바탕으로 '올바른 정보' 파일을 만들어 배포할 수 있습니다."

"그런데 '올바른 정보' 파일을 개발하는 것까지는 문제가 없을 듯한데, 배포를 어떻게 하실 건가요?"

나의 질문에 그녀는 1초의 고민도 없이 바로 대답했다.

"불법 다운로드 사이트를 이용하는 거예요. 이미 제일 큰 P2P 사이트를 비밀리에 인수했고, 지속적인 관리를 해 왔습니다. 모나크 는 아직 그 사실을 모르고 있어요. 그들이 불법 정보 공유 통제와 관 련된 법률 개정안을 주민 센터에 배포하기 전에 우리가 먼저 '올바른 정보'를 뿌리는 겁니다. 그러면 사람들은 모나크가 정보를 독재하고 있다는 사실을 자각하게 될 것이고, 모나크와 맞서 싸울 것입니다."

"그러면 정보를 언제까지 빼 오면 되죠?"

"2주일 안에는 갖고 와야 합니다. 모나크의 정보를 빼 온다는 게 말처럼 쉽지 않을 거예요. 정보를 파는 기업에서 정보를 빼 온다는 것은 회사를 통째로 가져온다는 것과 같은 얘기니까요. 저희가 도울 일 있으면 언제든 연락하세요."

집으로 돌아가는 발걸음이 어느 때보다 무겁다. 일이 잘못되면 '운명의 날' 프로젝트가 수포로 돌아갈지도 모른다⋯⋯.

다음 날, 회사에 출근해서도 머릿속은 온통 정보를 어떻게 빼내야 할지, 그 생각으로 가득 찼다. 회사에 오래 다닌 정 대리님이랑 얘길 나눠 보면 뾰족한 수가 생기지 않을까.

"대리님, 여쭤 보고 싶은 게 있는데요."

"그래, 뭐든 다 물어봐라. 요즘 네 덕분에 회사 다닐 맛이 나거든."

"브레인 칩에 들어가는 정보가 어떤 것으로 구성돼 있는지 알 수 있나요?"

"아, 그거? 아마도 그걸 확실히 아는 직원은 없을 거다. 워낙 많은 정보가 있기도 하고, 윗선에서 비밀리에 추진되는 것도 있을 테니까. 정보를 관리하는 중앙 정보 관리실이 지하 1층에 따로 있어. 그래도 그나마 그곳에 자주 가는 부서가 우리긴 하지만. 근데 왜?"

"저는 아직까지 한 번도 가 보지 못해서요. 그곳에 들어가려면 어떻게 해야 하죠?"

"그야, 팀장님 허가를 받아서 전산팀원과 같이 들어가지."

"네? 전산팀원과 같이요?"

"걸러지지 않은 정보가 입력되면 안 되니까. 누가 입력했는지 반드시 그 정보를 데이터베이스화한 사람의 확인 절차를 거치게 돼 있어. 그걸 감독하는 일을 전산팀에서 하고 있고. 개발자가 전산팀 감독하에 입력을 하는 거지."

"아, 우리가 개발한 정보를 입력해야 할 때 중앙 정보 관리실에 들어갈 수 있다는 얘기군요."

"그렇지. 직원의 개인 컴퓨터로는 슈퍼컴퓨터에 입력이 불가능해. 개발자가 직접 슈퍼컴퓨터에 정보를 입력하면 연구소에서 프로그래밍을 통해 브레인 칩에 들어갈 파일이 출력되지. 슈퍼컴퓨터 정보는 일부 허락된 연구원만 인트라넷으로 접속 정도만 할 수 있고. 그런데 왜?"

"아니요. 앞으로 문학 데이터를 개발하게 될 텐데, 그다음 과정이 어떻게 되는지 궁금했어요. 말씀 감사합니다."

천만다행이다. 전산팀 동료에게 이 사실을 알리고, 반드시 그가 나와 함께 배정되도록 미리 손을 써 놓아야겠다. 그러나 제일 시급한 건 문학 작품을 잘 선택해 데이터를 만들어야 한다는 것이다. 세계인이 잘 접하지 못했을 우리나라의 현대 소설을 개발하면 중앙 정보 관리실에 접근할 수 있을 테니까.

신중하게 작품을 추리며 이번 주 안에 중앙 정보 관리실 접근을 목표로 작업 계획을 세웠다.

다음 날, 현대 소설 작품 70권을 회사에 들고 갔다. 업무에 필요한 책은 반입이 허락되었다. 확실히 브레인 칩이 개발되고 문학이 더욱 죽어 버렸다. 사람들은 문학을 굉장히 비생산적인 것이라고 생각한다. 원래 책이란 읽고 각자의 감성으로 이해하는 것이라서, 여러 갈

래의 해석 가능성을 담은 문학 텍스트는 브레인 칩 프로젝트에서 완전히 배제되었다. 지난날 내 가슴을 설레게 했던 문학을 통해 사람들을 모나크의 독재 위험에서 구할 수 있을 거라 믿는다.

일주일을 회사와 체육관, 집만 왔다 갔다 하면서 보냈다. 그리고 드디어 현대 소설을 파일로 만드는 작업을 끝냈다. 바로 팀장님께 보고를 드리러 갔다.

"팀장님, 전에 말씀 드린 문학 데이터베이스 완성했습니다."

"벌써? 대단한데그래."

"지금까지는 의미의 모호성 때문에 문학을 데이터베이스화하지 않았었는데요. 이번 작업을 통해 우리나라에 대한 문화적 이해와 호감이 형성될 수 있다고 확신합니다. 초강대국으로 부상한 대한조선민국에 호감을 가진 사람이 많아질수록 모나크의 위상은 더욱 높아질 테고요. 의미의 모호성에서 장벽이 큰 만큼 그 부분을 모두 분명한 문장으로 개조하는 작업을 거쳐서 데이터를 구축했습니다. 테스트기로 점검해 보시기 바랍니다."

팀장님은 바로 화상 회의를 열어 회사 전체에 이 사실을 알렸다. 그리고 데이터를 의미 모호성 테스트기에 연결한 뒤 오케이 사인을 확인하고는 껄껄껄 웃었다.

"이걸 일주일 만에 다 해 내다니 정말 놀랍네. 얼른 전산팀에 연락하고 중앙 정보 관리실로 가서 업로드하게. 하하하."

휴, 다행이다. 이제 큰 산 하나를 넘은 셈이다. 나는 미리 준비한 대용량 USB를 챙겨 들고 전산팀 동료 조성주에게 메시지를 보냈다.

'중앙 정보 관리실 출입 승인. 지금 당장 합류 바람.'

우리는 1층 로비에서 만나 중앙 정보 관리실로 함께 이동했다.

"중앙 정보 관리실은 지하 한 층을 통째로 사용하고 있다면서요?"

"네, 그리고 저도 이번에 알았는데 슈퍼컴퓨터가 있는 중앙 정보 관리실 안쪽까지 들어가려면 복잡한 방범 시설을 거쳐야 하더군요."

그의 말대로 중앙 정보 관리실 안쪽으로 들어가는 데 무려 다섯 개의 방범 시설을 통과해야만 했다. 그리고 마침내 그곳에서 슈퍼컴퓨터를 마주한 순간 감탄이 절로 나왔다. 지구상 단 한 대밖에 없다는 슈퍼컴퓨터가 웅장한 위용을 뽐내고 있었다.

나는 그와 사전에 약속된 매뉴얼대로 재빠르게 움직였다. 입력 장치를 여는 그의 접속 태그에는 입출력 교란 프로그램이 내장되어 있었다. 우리는 정보를 출력하지만, 컴퓨터는 정보를 입력하는 것으로 오인하는 바이러스 프로그램이다. 이 프로그램은 작업 완료 후 자기 파괴되도록 설계되어 있다. 조성주가 홍채와 손바닥에 내장된 접속 태그로 슈퍼컴퓨터를 여는 데 성공했다.

나는 홍채로 본인 확인을 한 뒤 준비한 USB를 슈퍼컴퓨터에 꽂았다. 여기에는 정보 입력을 느리게 제어하는 바이러스 프로그램과

출력 정보를 여러 컴퓨터에 분산해서 패킷으로 퍼 나르는 프로그램이 담겨 있다. 전산실 슈퍼컴퓨터는 외부 인터넷 망은 차단되어 있지만, 회사 내부 컴퓨터와는 부분적으로 나뉘어서 인트라넷으로 연결되어 있다. 우리는 준비한 프로그램을 통해 슈퍼컴퓨터의 정보를 인트라넷으로 연결된 사내의 각 컴퓨터로 부분적으로 쪼개서 패킷 전송한 뒤, 나중에 인터넷 망을 통해 하나로 모을 것이다.

필요한 시간은 10분 내외. 내 생에 10분이라는 시간이 이렇게 길게 느껴진 적은 이번이 처음이다. 이 조용한 공간의 무거운 침묵을 깨는 것은 둘의 심장 소리밖에 없었다. 그때 전산팀에서 화상 호출이 왔다.

"조성주 씨, 방에 들어간 지 5분 지났습니다. 평소보다 왜 이렇게 오래 걸리나요?"

"개발팀 직원이 데이터 파일 코딩을 고속으로 설정하지 않아서 그런 것 같습니다. 담당자가 신입 사원이라 속도가 좀 더딘 듯싶습니다. 5분 정도 시간이 더 필요하겠습니다."

당황한 기색 없이 대처를 잘해 낸 그 덕분에 무사히 일을 마무리 짓고 나올 수 있었다. 등 뒤로 땀이 흥건했지만 중앙 정보 관리실을 빠져나올 때는 아무 일 없다는 듯 태연하게 두런두런 농담을 주고받기도 했다. 마지막으로 그에게 고생했다는 사인을 보내고 자리로 돌아왔다. 그러고 나서 권은빈에게 연락을 취했다.

'중앙 정보 관리실 접근 성공, 데이터 수집 완료.'

퇴근을 하고 바로 워크숍 카페로 갔다. 오늘은 《법의 정신》을 가지고 토론을 하기로 한 날이다. 토론에 앞서 우선 급박하게 돌아가는 상황에 대한 중간보고가 있었다.

"미션 완료했습니다. 프로그램이 정상 작동되어 모나크 회사 내의 컴퓨터에 병렬 분산되어 있던 정보를 모두 외부 인터넷 망을 통해 수집 완료했습니다. 모나크 내 컴퓨터에는 정보 이동 흔적이 남지 않은 것을 조성주 씨가 최종 확인했습니다."

사람들은 모두 안도의 한숨을 내쉬었다.

"정말 고생 많았네. 이제부터는 우리가 나서도록 하지. 권 박사, 앞으로 어떤 것을 해야 하는지 설명해 주겠나?"

아버지의 동료인 정지민 박사가 말했다.

"일단 저희는 정보를 하나하나 살펴보면서 잘못된 정보가 있는지 확인하고 걸러내야 합니다. 그러고 나서 그 정보를 올바르게 수정해서 P2P 사이트에 새롭게 올릴 예정이에요. 전체 정보를 균등하게 나눠 드릴 겁니다. 한 달 안에 잘못된 정보를 뽑아 와서 다 같이 모여 수정하는 과정을 거치도록 하죠. 양이 어마어마하니 절대 방심하시면 안 돼요. 그럼 모두들 수고해 주세요."

그녀의 말을 내가 이어받았다.

"그럼 이제부터는 《법의 정신》에 대한 토론을 시작해야겠죠? 우리가 그 책의 내용을 꼼꼼히 살펴야 왜 모나크가 《법의 정신》을 배포했는지 알 수 있을 겁니다. 그래야 우리가 모나크의 의도를 명확히 알게 될 테고요. 참, 제가 미처 사전 공지를 하지 못했는데요, 오늘 토론에 참여할 사람이 한 명 더 있습니다. 마침 올 시간이 다 되었네요."

그때 담이가 들어왔다.

"안녕하세요. 이담이라고 합니다. 열다섯 살이고요, 한정민 선생님께서 제가 도울 일이 있다고 하셔서 왔어요."

"이 친구는 저와 평소에도 책을 읽고 이야기를 나눠 왔습니다. 《법의 정신》에 대해서도 이미 적지 않은 이야기를 나누기도 했고요. 궁금한 것을 함께 얘기하는 데 큰 도움이 될 거예요."

"환영합니다. 뜻밖의 손님에게서 저희가 도움을 받게 되었네요. 잘 부탁드려요."

권은빈이 먼저 입을 열었다.

"모나크의 의도는 분명해요. 저는 이번에 《법의 정신》 원전을 여러 번 읽으면서 몽테스키외가 군주제를 옹호하고 있다는 확신이 들었어요. 모나크도 이러한 판단하에 군주제를 실현하기 위해서 《법의 정신》을 널리 퍼뜨리려고 하는 것일 테고요. 이전에는 몽테스키외가 민주 정체의 삼권 분립 원리를 제안한 사람이라고 생각했습니다. 그런데 모나크가 《법의 정신》을 왜곡하지 않고 그대로 퍼뜨린 것을 보면 그들은 군주제를 실현하고자 이 책을 읽도록 의도한 것이 아닐까 생각했습니다."

뒤이어 조성주가 나섰다.

"제 생각에 몽테스키외는 귀족주의자인 듯싶습니다.《법의 정신》의 심장부인 삼권 분립에 대해 나와 있는 '영국의 국가 구조' 장을 보면 삼권 분립이 그다지 진보적이라는 생각이 들지 않더군요. '군주가 집행권을 가지고, 귀족은 입법권을 가지는데, 귀족 단체는 세습적이어야 한다.'고 되어 있잖아요."

"저도 그 부분을 기억하고 있어요. 몽테스키외가《법의 정신》을 출판할 당시 프랑스는 절대 왕정 사회였고, 모두 아시겠지만 그때 프랑스의 루이 14세 별명은 '태양왕'일 정도로 어마어마한 권력을 휘둘렀죠. 파리에서 떨어진 베르사유에 궁전을 새로 지어 옮길 때 루이 14세는 귀족을 짓누르고 군주권을 강화하려고 했고요. 그 유명한 '짐이 곧 국가다.'라는 말을 루이 14세가 했잖아요."

"맞습니다. 그러다가 루이 14세가 사망하고, 그로부터 33년이 지난 1748년에《법의 정신》이 출판되었죠. 그사이에 프랑스는 전쟁 때문에 나라가 어려워졌고, 귀족이라고 해도 별 뾰족한 방법이 없었어요. 하지만 이런 사회적 한계 속에서 귀족이었던 몽테스키외는 자기가 속한 귀족 계급의 입법권을 보호하고 군주를 견제하기 위해 삼권 분립을 주장했던 게 아닐까요? 그는 행정부를 담당하는 군주가 입법부를 담당하는 귀족의 견제를 받아야 한다는 주장을 펼쳤어요. 모나크도《법의 정신》을 널리 퍼뜨려 귀족 정치의 부활을 도모하는 걸 테고요."

사람들의 얘길 듣고 있자니 고개가 절로 갸웃거렸다. 논리적으로 파고들면 이들의 말이 맞다. 하지만 내가 생각할 때 그들의 해석에는 이상한 점이 없지 않다. 물론 몽테스키외가 살았던 당시는 군주제 사회였다. 하지만 자기가 속한 시대의 한계를 벗어나 생각하기 어려운 게 사람이지 않은가. 몽테스키외도 훌륭한 학자였지만 시대의 한계에 갇혀 있었다. 그래서 군주제나 귀족의 세습을 생각했던 것일 테다.

"저는 생각이 조금 다릅니다. 몽테스키외의 삼권 분립이 당시로서는 굉장히 진보적이었다고 여겨집니다. '영국의 국가 구조'에서 말하는 영국은 지금 우리가 알고 있는 영국의 입헌군주제와 다릅니다. 지금은 정치인이나 행정부에 임기가 있고, 사법부도 단순히 행정부의 시종이 아니라 '헌법재판소'와 같이 민주주의를 지키기 위해 적극적으로 판단하는 기관이 보충되었죠. 민주주의를 꽃피게 한 이런 장치의 공통된 원리는 뭘까요? 그것은 어떤 권력이든 '절대 권력'이 되면 '절대 부패'한다는 것입니다. 여러 사람이 함께 지혜를 모아 부패하지 않는 권력을 만드는 장치가 바로 '권력 분립'인 것이지요."

이후 계속해서 이어 간 내 생각은 이렇다. 만일 형태가 군주제이더라도 권력 분립만 잘되어 있다면 사회 질서가 잘 통치되는 사회라

혁신을 취하다

고 생각한다. 물론 이전 군주제는 민주주의 사회와 달리 신분이 세습된다는 게 문제이긴 하지만. 그러나 이 부분은 인간이 역사 속에서 민주주의 사회를 경험해 왔기 때문에 이전 신분 세습제 사회로 돌아간다는 생각은 하지 않을 것이다.

"최종적으로 저는, 모나크는 권력 분립이 없는 전제 정치를 꿈꾸면 꿈꾸었지 몽테스키외가 말하는 군주제 사회를 꿈꾸지는 않을 것이라고 생각합니다."

내가 말을 마치자 담이 기다렸다는 듯이 질문을 던졌다.

"선생님, 그리고 여러분. 혹시 《법의 정신》의 이번 버전에서 빠뜨린 내용을 발견하지 못하셨나요?"

"아니, 샅샅이 읽어 봤는데 빠진 내용을 발견하지 못했어."

"다른 분들은요?"

모두 한목소리로 대답했다.

"발견하지 못했는데?"

"역시 그러셨군요. 딱 한 페이지 분량이 누락되어 있어요. 한정민 선생님이 말씀하신 '영국의 국가 구조'라는 장에서요. 700페이지나 되는 책에서 한 페이지가 빠진 걸 발견하기가 쉽지는 않을 거예요."

"전혀 눈치채지 못했단다."

"어떤 대목이지?"

"그 부분을 이제부터 설명할게요. 바로 삼권 분립이 왜 필요한가

하는 대목이에요. 삼권 분립이 필요한 이유는 '시민의 정치적 자유' 때문이고요, '정치적 자유란 자기의 안전에서 나오는 정신적 안정'이라고 합니다. 한 시민이 다른 시민을 두려워할 이유가 없을 때 정치적 자유를 가질 수 있다고 말하지요. 이런 정치적 자유가 없는 곳이 바로 전제정의 사회라고 이야기하는 그 부분이 빠져 있어요."

"아, 네 말을 들으니 어렴풋이 생각나는 것 같기도 하고……."

모두들 고개를 갸우뚱거리며 생각을 더듬어 나가는 듯했다.

"아마 어른들은 이미 자기 생각에 사로잡혀 있어서 그럴지도 몰라요. 《법의 정신》의 핵심은 삼권 분립이고 영국은 삼권 분립이 잘 된 나라다.'라는 결론을 알고 있잖아요. 그러니까 앞의 내용이 빠져 있어도 삼권 분립에 대해 설명하는 내용을 이해하는 데 무리가 없어요. 그러니 그 점을 노린 거예요."

"그런데 담아. 넌 그걸 어떻게 찾아낸 거니?"

"저는 《법의 정신》이라는 제목에 이끌려서 이 책을 더 열심히 읽었어요. 작가가 이야기하는 법의 정신이 대체 뭘까 엄청 궁금했거든요. 그리고 과연 법의 정신이 존재하기는 하는 걸까? 법은 '유전무죄, 무전유죄'라는 말처럼 권력의 하수인이 아닌가? 하는 의심이 들기도 했고요. 특히 어머니가 아무리 저와 함께 있고 싶다고 해도, 어머니가 그저 생명을 연장하기 위해 로봇이 되느니 사람답게 살다가 죽음을 받아들이겠다고 해도 '모나크 특별법'으로 로보시아로 끌려갔을 때 법은 권력 그 자체구나 하는 생각을 했거든요. 말이 법이지 폭군과 다를 게 뭐가 있을까 싶었어요. 사람을 죽이는 것만이 폭군이 아니잖아요? 사람들의 선택의 자유를 빼앗는다면 그것이야말로 폭군 아닌가요?"

담이는 몽테스키외가 말하는 법의 정신이 무엇인지 심도 있게 고민해 온 듯싶었다. 나도 담이 얘기를 들으며 다시 한 번 생각을 정리해 보았다.

몽테스키외는 '법이란 사물들의 본성에서 유래하는 필연적 관계이고, 세상 삼라만상의 관계를 이성적으로 설명하는 것'이라고 했다. 역사적으로 있었던 나라, 세계 도처에 당시 존재한 나라마다 저마다의 정치 체제가 있는데, 그런 정치 체제를 유지하는 법은 그 나라의 자연, 풍토, 습속, 가치관, 경제 등과 연관된 관계의 총체이고 그것이 법의 정신이라고. 몽테스키외는 지금까지 정치 체제가 '공화정, 군주정, 전제정', 이렇게 세 개의 정체로 구분된다고 했다. 전제정은 법이 없는 곳이고, 공화정과 군주정은 법이 있는 곳이다. 몽테스키외는 군주정을 옹호하는 것 같기도 하지만 공화정의 장점도 인정하고 있다. 맞다. 그랬지.

"그러니까 선생님들이 몽테스키외가 군주정을 옹호했다, 공화정을 옹호했다 하며 논쟁하는 것은 그가 말하고자 하는 핵심에서 벗어난 것 같아요. 몽테스키외는 군주정이든 공화정이든 법에 의해 다스려지는 곳이 좋은 정체라고 생각했어요. 법에 의해 다스려지지 않는 곳이 바로 전제정이고요. 전제정은 '공포'를 원리로 유지되잖아요. 전제 군주만 자유롭고 다른 모든 사람은 부자유스러운 곳이 바로 전제정의 사회이지요."

"그래, 군대와 무력으로 통치되는 사회지. 늘 적들이 쳐들어올 수 있다는 공포감을 심어 주어 군대를 무장시키고, 끊임없는 전쟁의 공포로 유지되는……. 전쟁에서 살아남으려면 전제 군주에게 무릎 꿇고, 전제 군주의 명령에 무조건 복종해야 하고."

"네, 반면 공화정이나 군주정에는 법과 질서가 있어요. 삼권 분립으로 서로가 자신의 자유를 조금씩 제한하면서 모든 사람이 똑같이 자유로운 사회가 바로 법이 지배하는 사회예요. 그게 바로 '법의 정신'이고요. 저는 '법의 정신'이 무엇인지를 찾기 위해 이 책을 읽었고, 단 한 페이지지만 바로 핵심 부분이 없어졌기 때문에 그걸 알아챌 수 있었어요."

"네 의견에 공감이 되는구나. 그럼 모나크가 남겨 놓은 부분보다 없애 버린 대목에 더 집중해서 그들의 의도를 파악해야겠구나."

관장님이 모두에게 동의를 구하는 눈빛으로 이야기를 계속했다.

"네 말에 따르면 모나크는 법이 없는 전제정을 바란다는 건데, 오히려 모나크는 여러 법을 만드는 데 열을 내고 있어. 그건 어떻게 설명할 수 있겠니?"

"모나크도 전제 군주처럼 공포를 이용하고 있지 않나요? 전제 군주는 '전쟁에서 죽을래, 살래?'라는 질문으로 죽음에 대한 공포를 이용해 자신의 절대 권력을 행사해요. 모나크는 '인간의 몸으로 죽을래, 로봇의 몸으로 살래?'라는 문제로 죽음에 대한 공포를 이용해 자신의 절대 권력을 행사하고요. 브레인 칩도 마찬가지 아닐까요? 사람들이 브레인 칩을 왜 장착하겠어요? 퇴화된 근육을 움직이게 하고, 더 많은 정보를 내장해 보다 많은 돈을 벌어서 이 세상에서 살아남기 위해 브레인 칩을 장착하는 거잖아요?"

"그렇지. 낙진 피해를 입지 않아 건강한 몸을 가지고, 스스로 판단하고 싶어 하는 극소수의 사람만이 브레인 칩을 시술받지 않고 자유를 추구하고 있을 뿐, 대부분의 사람들은 육체와 정신을 모두 살기 위해 팔아넘긴 상태니까."

"네, 게다가 모나크에 동조하는 법률가들이 특별법을 제정해서 전 세계인에게 브레인 칩을 시술받도록 하는 거죠. 특별법은 일반법보다 우선 적용되기 때문에 겉으로는 법이지만 실제로는 거역할 수 없는 모나크의 명령인 것이나 다름없어요."

그렇다. 모나크는 겉으로는 군주국을 건설하는 것처럼 보이고자 《법의 정신》을 유포하면서도 실상은 《법의 정신》이 그토록 비판한 전제 국가를 만들려고 한다. '법의 정신' 없는 《법의 정신》을 유포하고 있는 것이다!

"담아. 네 얘기를 듣고 보니 모나크가 만든 법이 말 그대로 법이 아니라 모나크의 명령에 불과하다는 걸 알겠다. 그리고 또 하나를 깨달았다. 책을 읽으며 지식으로만 생각할 때와, 정말 분노의 감정을 가지고 깊이 생각하며 읽을 때, 얼마나 달리 읽히는지 말이야. 단지 정보와 지식으로만 생각하며 책을 읽을 때 중요한 대목을 놓칠 수 있다는 것도 알았어."

"나도《법의 정신》을 삼권 분립을 주장한 책이고, 책의 내용이 여러 나라를 언급하면서 하도 다양한 사례를 담고 있어서 몽테스키외가 말한 나라마다 정말 그 내용이 맞나, 틀리나 하는 문제만 생각했었다. 그런데 책 제목이 '법의 정신'인데 법의 정신이 정작 뭔지를 생각하지 않아 중요한 대목이 누락되었어도 눈치를 못 챘구나. 고맙다. 네 덕분에 정말 중요한 걸 알게 되었어. 여러분, 오늘 토론 어쩌셨습니까?"

권은빈이 토론을 정리하기 시작했다.

"담이가 우리에게 잃어버린 고리를 찾아 준 것 같아요. 그리고 모나크의 의도를 명확하게 깨달았어요. 분노할 줄 모르는 채 지식과 정보를 습득하며 사회의 한 부속품처럼 기능하는 기계적인 사람, 기계적인 세상을 만들려는 거죠. 심지어 담이 어머니처럼 아예 기계로 만들어 버리는 것까지요. 그런데 사람들은 모나크에게 거부하기도 어려워요. 안 그러면 죽음을 받아들일 수밖에 없으니까요. 어쨌든 옆에서 죽어 가는 사람을 보면서 살고 싶지 않잖아요. 그런 의미에서 모나크를 전적으로 비판할 수는 없지 않나요?"

"저도 죽지 않게 해 줄 기술이 있는데 죽음을 원하는 엄마가 원망스러운 적도 있었어요. 하지만 엄마가 로보시아로 강제 이주된 뒤에 전 미칠 것 같았어요. 죽음에 관한 의학 서적, 생물학 서적을 닥치는 대로 읽었지만 제 생각을 결정적으로 바꿔 놓은 것은 엄마의 어릴 적 일기장이었어요. 그중에서 엄마가 만화 영화 '은하철도 999'를 보며 적은 내용이었어요."

담이 엄마는 그 만화 영화를 보며 매회 결말을 예상해 적고 있었다. "결국 철이가 바란 영원히 죽지 않는 기계 몸을 가진 프로메슘 사람들은 어떤 모습일까? 아마도 사람들은 향락에 빠져 권태로운 삶을 이어 갈 것이고 영원이라는 시간 속에서 삶의 목적도 이유도 갖지 못한 채 무의미한 삶을 살아나갈 터이다. 사람은 삶이 유일하기 때문에 자기 삶을 아름답게 빚기 위해서 이처럼 일분일초를 아끼며 살고 있는 존재이고, 그렇기 때문에 삶은 살 만한 것이다." 담이가 찾아보니 '은하철도 999'의 내용이 실제로 그렇게 흘렀다. 영원한 기계 몸을 가진 프로메슘 사람들은 유흥과 환락에 빠진 모습이었고, 철이는 이를 보며 짧은 인생이라도 보통 인간으로 살겠다고 결심했다.

담이는 엄마를 보며 엄마가 로봇으로라도 영원히 살아 계시면 좋겠다는 생각도 해 봤지만, 만일 그것이 자신의 삶의 문제라고 생각하면 자신도 로봇으로 영원히 사느니 인간으로서 유의미한 삶을 사는 걸 택할 것 같다고 했다.

"사람은 생각할 수 있는 존재니까 자유롭게 선택할 수 있어야 하는데, 이런 선택의 자유를 법이라는 이름으로 박탈하는 건 모나크를 비판할 만한 충분한 이유가 된다고 생각해요."

담이의 이야기는 여기까지였다. 우리가 앞으로 건설할 세상은 어때야 하는지 담이의 생각을 통해 깨닫게 되었다. 사람들이 저마다 자유롭게 자신의 삶을 선택하고 설계할 수 있는 사회. 그것을 돕는 법으로 질서가 유지되는 사회, 삼권 분립으로 어느 한쪽에 권력이 집중되는 것을 막아 사람들이 저마다의 자유를 평등하게 가진 사회를 만들어야겠다!

마지막으로 독고재 회장의 비서가 새로운 정보를 알려 주었다.

"오늘 독고재 회장의 데스크 메신저에 뜬 내용을 제가 엿봤습니다. 얼마 전 모나크가 중동 지역에 비밀 부대를 보냈다고 합니다. 낙진 피해가 적어 건강한 신체를 가진 사람들이 많은 중동 지역 원전 시설에 인위적으로 사고를 일으키려 하는 비밀 부대에게 작전 개시를 지시하는 메시지였어요."

"브레인 칩 무료 시술 지원도 모자라 브레인 칩이 필요한 상황을 권력을 이용해 인위적으로 만들려고 하는군요."

이제 우리 프로젝트에 박차를 가할 시기가 온 듯하다. 팀 사람들의 눈빛이 결연하게 빛났다.

"담아, 네가 우리보다 열 배는 어른스러운 것 같다."

"너도 우리다."

우리 모두 담이의 어깨를 다독였다.

8

운명의 날

긴 토론으로 지칠 대로 지친 몸을 이끌고 집에 돌아왔다. 텔레비전을 켜니 얼마 전에 내가 개발한 현대 문학 데이터 광고가 나왔다. 그래도 문학 데이터를 작업할 때는 프로젝트의 목표를 위한 수단이 아니라, 진심으로 사람들이 문학을 읽어 주었으면 했다. 뿌듯하면서도 한편으론 씁쓸함을 느끼면서 침대에 누웠다.

다음 날 아침 알람 소리에 눈을 떴다. 시계를 보니 벌써 오전 9시 30분이었다. 지각이네! 씻지도 않고 바로 옷을 갈아입었다. 놀라 뛰쳐나가면서 핸드폰 날짜를 확인하니 토요일이었다. 다시 자려고 누웠지만, 쉽사리 잠이 오지 않아 검토해야 하는 파일을 들고 오랜만에 도서관으로 향했다.

도서관은 이미 문을 닫은 지 오래였다. 사무실에 쓸쓸한 기운이 감돌았다. 컴퓨터를 켜서 권은빈이 분배해 준 파일을 확인했다. 내 파일에는 주로 철학 책이 담겨 있다. 플라톤의 《국가론》, 홉스의 《리바이어던》, 로크의 《시민정부론》 등. 자, 이 책의 내용에서는 어떤 부분이 왜곡되어 들어가 있을까?

천천히 확인해 가는데 《법의 정신》에서 한 페이지를 교묘히 뺀 것처럼 눈치채지 못할 정도의 아주 적은 분량을 더하거나 빼고 있어서 전체적으로 왜곡된 부분을 찾기가 생각보다 어려웠다. 플라톤은 《국가론》에서 참주정, 민주정, 과두정, 금권정을 비판하면서 철인 정치를 주장했다. 플라톤이 민주정을 비판한 이유는 대중이 어리석은 판단을 하는 중우정치로 흐를 수 있기 때문이다. 그런데 《국가론》의 내용 중 중우정치를 모두 '민주정'이라고 고쳐서 플라톤이 민주주의에 반대한 것처럼 꾸며져 있었다.

홉스의 《리바이어던》은 국가의 필요성에 대해 논하는 책이다. 그는 인간이 서로에 대한 전쟁 상태에 있기 때문에 이성을 발휘해서 서로를 해칠 수 있는 힘을 국가에 양도하여 질서 있는 상태를 유지해야 한다고 주장했다. 그것이 곧 국가, 즉 리바이어던이라고 말한다. 그런데 모나크에서 제공한 파일에는 리바이어던이 현명한 절대 군주라고 하는 내용이 슬쩍 덧붙여져 있었다.

각 권마다 왜곡된 내용이 발견됐다. 이런 식으로 사람들에게 잘못된 정보를 주입시키고 있었구나. 로크의 《통치론》은 민주주의 사회의 정부 형태에 대해 말하고 있다. 그는 민주주의적 정부의 가장 중요한 면은 정부에 임기를 둬서 만일 정부가 제 역할을 다하지 못할 때에는 새로운 정부를 구성할 수 있다는 점이라고 주장한다. 《통치론》

의 마지막 장인 '통치의 해제에 관하여'가 바로 이 내용을 담고 있는데, 모나크에서 제공한 파일은 아예 이 장 전체가 삭제되어 있었다.

지금까지 발견한 왜곡된 부분을 통해 모나크의 의도가 충분히 짐작이 가고도 남았다. 모나크는 역사의 시곗바늘을 되돌리려 하고 있었다. 모든 사람이 주인이 되는 민주주의 법치 사회가 아니라 소수 특권층, 아니면 모나크 한 사람이 지배하는 사회를 만들려고 하는 것이다. 그렇기에 기존에 민주주의에 대해 말하는 책을 모두 이처럼 왜곡해서 퍼뜨리는 중일 테다.

여기까지 생각이 미쳤을 때 이상하게도 독고재의 얼굴과 아버지의 얼굴이 동시에 떠올랐다. 내가 시인이 되고 싶다고 했을 때 불같이 화를 내시던 아버지의 모습이 더 독재자를 닮았다고 생각했다. 내가 독재자에 의한 전제 정치가 싫다고 느끼는 건 정말 독재자에 의한 전제 정치의 횡포를 겪어서가 아니라 내 삶을 내가 아니라 타인이 강제로 결정하는 것이 부당하다고 느껴서인 듯싶다. 담이와 담이 어머니의 얼굴이 떠올랐다. 로봇으로라도 살 수 있게 해 주겠다는 모나크 특별법은 독재자의 명령과 다름없구나.

파일 정리를 그쯤 하고 도서관을 나오는데, 권은빈에게서 전화가 왔다.

"여보세요? 여보세요? 무슨 일 있나요?"

"이정암 박사가 잡혀갔어요."

"뭐라고요? 설마 모나크에서 손을 쓴 건가요?"

"아마도 우리 계획에 대해 낌새를 챈 거 같아요. 그래도 모나크에서 갖고 와야 할 정보는 다 갖고 왔으니 당신도 들키지 않도록 숨어 지내세요. 데이터의 정보를 점검하는 작업은 완료되는 대로 저한테 보내시면 됩니다."

"만약 이정암 박사가 우리 작전을 모나크에 실토했으면 어떻게되는 거죠?"

"그럴 리 없습니다. 이 박사는 그렇게 나약한 사람이 아니에요. 우린 우리가 할 일만 신경 쓰면 됩니다."

"네, 무슨 일 있으면 다시 전화 주세요."

"알겠습니다. 당분간 서로 연락도 자제해야 할 것 같습니다. 지체할 시간이 없네요. 그 사이에 아무런 일이 벌어지지 않는다면, 이번주 토요일을 '운명의 날'로 정하겠습니다. 장소는 도서관으로 옮기겠습니다. 몸조심하시고요."

어느 때보다도 결의에 차 있을 그녀의 목소리가 축 처졌다. 이런 모습은 처음이다. 연구소 동료인 이정암 박사가 사라진 게 자신 때문이라고 생각하는 모양이다. 그를 납치해 간 게 모나크라면 우리 모두도 언제 당할지 모를 일이다. 되도록 외출을 자제해야 한다.

그렇게 5일이 지났다. 내일이 바로 '운명의 날'이다. 과연 성공할 수 있을까? 내일 벌어질 일이 상상이 되지 않는다. 마치 어마어마한 규모의 쓰나미가 몰려올 거라는 뉴스를 미리 본 것만 같다. 과연 내가 이 거대한 파도에서 살아남을 수 있을까. 그렇게 생각하니 등에 전율이 살짝 올랐다. 그렇지만 조금 전에 모두들 무사하다는 메시지가 전달되었으니, 마음 편히 생각하기로 했다. 고요한 방 안에 전화벨 소리가 요란스럽게 울린다.

모르는 번호인데? 이상한 예감이 들었지만 일단 받았다.

"여보세요?"

"한정민 씨 되십니까?"

"네. 맞습니다만, 누구시죠?"

"법무팀 김무준입니다. 일주일 동안 휴가를 내셨다고요?"

대체 무슨 일이기에 법무팀에서 이 늦은 시간에 전화를 걸었을까. 게다가 입사 동기이긴 하나 제대로 얘기 한번 나눠 본 적 없는 사람이 말이다. 그럴듯한 핑곗거리가 뭐 없을까.

"몸이 좀 안 좋아서요. 당분간 집에서 휴식을 취해야 할 듯싶습니다."

"그러셨군요. 쾌유를 빌겠습니다."

"감사합니다. 그럼 이만."

"자, 잠깐만요. 혹시 이정암 박사님을 알고 계신가요?"

역시 무언가 꿍꿍이가 있는 모양이군.

"네? 누구요?"

불길한 예감은 늘 틀린 적이 없다. 이렇게 나에게 전화를 걸었다는 건 이미 우리 관계를 전부 파악하고 있는 게 아닐까. 당신이 어떻게? 도대체 왜? 그의 질문은 긴 대화의 시작을 알렸다.

"이정암 박사요. 모르는 척은 하지 마세요. 우리가 직접 만나서 얘기 좀 해야겠죠? 위험한 일은 없을 겁니다, 적어도 오늘 만큼은 말이죠. 당신에게는 선택권이 없으니 회사 앞 카페로 나오시죠. 이만 끊습니다."

등줄기에 주룩 식은땀이 흘렀다. 차갑고 군더더기가 없는 대화. 나에게 주어진 평화는 길지 않았다. 권은빈에게 따로 연락을 하는 게 좋지 않을까 잠깐 고민했으나, 걱정스러운 그녀의 표정이 떠올랐다. 괜히 그녀를 위험한 일에 빠지게 하고 싶지 않아 혼자 가기로 했다. 일단 나가서 부딪쳐 보자.

회사 앞 카페에 도착해 사방으로 수상한 사람이 없나 몇 번을 확인했다. 사실 검은 양복을 입은 사람이 한두 명은 있을 줄 알았는데, 코빼기도 비추지 않아 오히려 그 앞을 오가는 사람들이 모두 의심스러웠다. 그렇게 한 10분쯤 지켜보다가 그에게 전화를 걸었다.

"여보세요."

"혹시 카페에 도착하셨나요?"

"어서 오시죠. 그 정도 지켜봤으면 의심이 풀려야 하는 거 아닌가요."

내가 어디에 있든 뭘 하든 이미 다 파악하고 있구나.

"네, 들어가겠습니다."

그는 구석에 자리를 잡고 앉아 있었다. 이미 뭔가를 알고 왔다면 내가 발뺌을 해도 소용없을 것이다. 나 말고도 연락이 간 사람이 여럿일지도 모른다. 그런데 모나크와 그가 어떤 관계이기에 직접 나서는 걸까. 가볍게 인사를 하고 그와 마주 앉았다. 나는 단도직입적으로 물었다.

"그래서, 만나자고 한 용건이 뭡니까? 무슨 얘기라도 듣고 왔나요?"

"흠, 글쎄요. 오늘 제가 당신을 만나자고 한 이유는 간단합니다. 경고를 하기 위해서죠."

"무슨 말씀입니까? 경고라니요!"

"큰 소리 내지 마십시오. 당신들 '디마크러시'의 구성원 리스트는 이미 저희 손에 들어왔습니다."

예상했던 최악의 시나리오대로 일이 흘러가고 있다. 다른 팀원들은 무사할까. 그렇다면 이정암 박사는······.

"이정암 박사는 지금 어디 있죠?"

"그는 지금쯤이면 아마 시골 어느 요양원에 있을 겁니다. 기억을 다 잃었으니까요."

"뭐라고요? 대체 그에게 무슨 짓을 한 거죠!"

"새로 개발한 브레인 칩을 심었습니다. 그리고 작은 실험을 했죠. 브레인 칩이 무의식을 통제할 수 있을지 궁금해지더군요."

순간 욱해서 그의 멱살을 잡았다. 그러나 그의 표정은 흐트러짐이 없었고, 오히려 그는 나를 향해 피식 웃음을 지었다.

"잘 생각해 보세요. 내가 당신을 데려가려고 했다면 저기 종업원이라도 매수해서 일찌감치 포획했을 겁니다. 당신들을 잡는 것은 우리에게 일도 아니라는 거예요."

맞는 말이다. 모든 정보를 통제하고 있는 모나크가 우릴 못 찾는다는 게 더 웃긴 일이니까. 그럼 지금까지는 우릴 시험하고 있었던 얘긴가?

"아주 잘 알고 있습니다."

"하, 오늘은 몇 마디 좀 더 해야겠네요. 당신이 들어야 할 이야기가 더 있거든요. 일단 이것부터 놓아주시죠."

그의 멱살을 놓고 다시 자리에 앉았다. 권은빈에게서 전화가 왔지만 거절 버튼을 눌렀다. 일단 그의 이야기를 더 들어 보는 게 좋을 듯했다. 앞으로 닥칠 일을 대비할 수 있을지도 모른다.

"일단 얘기해 보시죠."

"당신들이 모나크에 의해 살해된 사람들의 유가족이라는 것을 잘 알고 있습니다. 그 일은 유감입니다만, 이 일이 여러분에게 복수

이상의 의미를 가지고 있나요? 단지 복수를 위해서라면 이쯤에서 그만두시죠. 그러는 편이 좋을 겁니다."

"복수요? 물론 처음에는 복수하겠다는 마음이 더 컸을지도 모르죠. 네, 인정합니다. 그러나 지금은 전 세계가 전제 군주제로 회귀하는 걸 원치 않는 마음뿐입니다. 인위적으로 로봇이 되어 사는 삶이나 왜곡된 정보를 머리에 넣고 사는 그런 삶을 바라지 않습니다. 그리고 훗날 모나크의 후계자가 지금의 독고재보다 더 잔인하고 무서운 사람이라면 상황은 더더욱 위험해질 거예요. 지금은 사람들을 이러한 위험에서 구하고 싶다는 생각뿐입니다."

"하하하, 사람들을 구한다? 당신이 먼저 살고 보셔야 할 문제인 것 같은데요."

그가 창백한 미소를 흘리며 말을 이었다.

"내일이 당신들이 치밀하게 준비한 '운명의 날'이란 걸 알고 있습니다. 당신들이 어디에서 모여 혁명을 치르든 우리 기동대가 들이닥칠 겁니다. 모나크가 당신들을 일부러 찾지 않고 가만 내버려 둔 이유는 당신들이 나서서 모순되는 정보를 찾고 있었기 때문입니다. 우리가 나서서 그 작업을 힘들여 하지 않아도 저절로 얻어지는 게 있으니 참고 기다리고 있었던 겁니다. 제가 할 말은 여기까지입니다. 앞으로 행운을 빌죠."

그는 이 말을 끝으로 자리에서 일어섰다. 그런데 가만, 내일 운명의 날을 저지하러 기동대가 출동할 거라고? 우리가 어디에 있든 그곳을 찾아낸다고? 이런 정보를 왜 나에게 흘리는 걸까. 혹시 우리를 교란시키기 위한 함정인가?

"우리에게 왜 그 사실을 알려 주는 거죠? 또 무슨 꿍꿍이입니까. 이유를 말해 보세요."

"이유라……. 당신은 모나크라는 회사와 중국의 관계를 정확히 아십니까?"

갑자기 그가 모나크와 중국의 관계에 대해서 왜 얘길 꺼내지? 잠시 잊고 있었다. 그가 중국 최대 컴퓨터 회사 CEO의 아들이란 사실을 말이다.

"모나크의 회장 독고재를 잘 아시죠? 얼마 전에 회장님과 미팅을 하신 것으로 알고 있습니다만."

"네, 이런저런 이야기를 나누었습니다. 그런 것까지 아시는 거 보면 당신은 모나크와 독고재 회장의 대단한 신임을 받고 있는 모양이군요."

"하, 표면적으로는 그렇지요. 회장님과 이야기를 나누셨으니 더 잘 아시겠네요. 모나크의 깜짝 놀랄 만한 성장에는 희토류 독점과 정보 장악이 결정적이었습니다. 그런데 이 모든 것이 중국과 얽혀 있습니다. 중국 내에서는 희토류 채굴 드론 로봇과 함께 우주로 날아가 버린 희토류 자원을 다시 수집하려고 하고 있습니다. 이를 위해 우주로 더 이상 정보를 송수신할 수 없도록 우주법을 고쳐야 한다는 목소리가 높습니다."

"뉴스에서 접해서 그 정도는 저도 알고 있습니다."

"더 들어 보세요. 그리고 모나크는 북아메리카 대륙이 초토화됐을 때 아마존과 구글의 정보를 모두 손에 넣고도 운 좋게 북아메리카 대륙에 결제한 대금을 다시 손에 넣었죠. 하지만 모나크가 그렇게 돌려받은 돈을 막아 내는 금융업 관계자의 상당수가 중국계였어요. 모나크는 지금 제국의 법을 새롭게 만들 준비를 하고 있어요. 그러면서 우주법이나 금융법을 철저하게 모나크의 이해관계에 맞춰 짜고 있습니다. 누구도 분노할 수 없는 상태로 법을 만듦으로써 누구의 저항도 없이 이 일을 수행하려고 하고 있습니다."

모나크의 계획을 확신해 가고는 있었으나 그의 입으로 들으니 더욱 놀라웠다.

"당신이 하고 싶은 진짜 이야기는 무엇입니까?"

"뭐라고 짐작이 가시나요?"

"모나크에 대한 복수심? 중국인으로서 그 능력을 인정받아 모나크의 계획을 수포로 돌아가게 만들려는 것 아닌가요?"

"저를 그 정도로밖에 보지 않다니 심히 유감이군요. 그건 아닙니다. 저는 국제법 전문가입니다. 모나크는 오로지 그 점에서 제 능력을 필요로 했습니다. 물론 각고의 노력 끝에 독고재 회장이 저를 차기 후계자라고 지목할 만큼의 위치에 오르긴 했지요. 저는 중국인의 피가 흐르지만 모나크가 계획하고 있는 제국의 법을 완벽하게 만들어 주고, 그 제국을 이어받을 겁니다. 그러고 나서 독고재 회장을 물리치고 제국의 법을 토대로 전 세계를 장악해 나갈 겁니다. 한낱 모나크 따위가 제 목표가 아니라는 겁니다."

모나크보다 원대한 꿈, 그의 야심이 하늘을 찌르고 있었다.

"그런데 왜 우리를 돕는 거죠? 왜 이런 이야기를 저한테 하느냔 말입니다."

"저는 브레인 칩을 이미 시술했습니다. 그러니 지금 당신들이 하는 일을 할 능력이 없습니다. 저는 당신들의 능력을 시험해 보고 싶습니다. 당신들은 브레인 칩을 한순간에 전복시킬 무기를 이미 개발하지 않았습니까? 그것으로 실제 이 세계가 전복되는지를 지켜볼 겁니다. 만약, 제 예상대로 세계가 전복된다면 제가 차지할 건 하나도 없겠지요. 그러나 당신들이 실패한다면 당분간 그 누구도 막을 수 없는 완전한 모나크 세상을 안전하게 물려받을 것입니다. 그다음은……. 잘 아시죠? 어때요? 당신들의 건투를 빕니다."

이 말을 끝으로 그는 사라졌다. 잠시 넋을 놓았다. 그는 무모하리만큼 자신감이 넘쳤다. 우리가 아니라 세계를 시험해 보려는 것처럼. 지금으로선 그를 제거할 여력이 없었다. 그보다 더 시급한 건 내일 기동대의 급습을 '디마크러시' 사람들에게 알리는 것이다. 정신을 차리고 핸드폰을 들어 긴급 문자를 돌렸다.

'지금 당장 도서관으로 모일 것. 지금까지 준비한 자료와 필요한 장비 모두 챙겨 올 것.'

사람들이 재빨리 도서관으로 모여들었다. 다행히 이정암 박사를 제외한 사람들은 모두 무사했다.

"드디어 큰일이 벌어졌군요. 정지민 박사님은 다른 연락을 받고 급히 나가셨어요. 돌아오실 때 다시 연락 주시기로 하셨고요."

권은빈이 침통한 표정으로 입을 열었다.

"일단 자리에 앉으시고 정리한 자료는 바로 컴퓨터에 옮겨 주세요."

저마다 준비한 자료를 꺼내 놓았다. 정보를 한군데로 모으는 기계가 무거운 소리를 내며 깊은 새벽을 깨웠다.

"먼저 보고할 사항이 있습니다. 제가 방금 전에 누구를 만났는지 아십니까? 바로 모나크 법무팀 김무준이에요."

"그 사람이 왜 당신을?"

"자세한 건 곧 말씀드리겠습니다. 우선 내일 '운명의 날'에 모나크의 기동대가 우리를 체포하기 위해 출동할 예정이라고 합니다. 우리가 어디에 있든 근거지를 찾아내겠지요. 그 정도는 그들에게 식은 죽 먹기일 것입니다."

"우리가 너무 방심하고 있었나 보군."

나는 그에서 들었던 이야기를 모두 털어놓았다. 모나크를 넘어선 그의 야심에 모두들 혀를 내둘렀다. 게다가 전 세계를 상대로 무모한 게임을 하려고 하고 있으니.

"흠……. 내일까지 기다릴 필요가 없어졌네요. 바로 업로드 준비하면 될까요? 각자 분석해 온 자료는 여기 다 모았습니다. 권 박사님, 제가 부탁드린 건 완성이 됐나요?"

전산팀 동료의 목소리가 어느 때보다 비장하게 들렸다. 그러나 그 속에 숨은 미세한 떨림은 모두에게 전해졌다.

"뭘 부탁드린 건가요? 특별히 새로 만들어야 할 게 있었나요?"

"새로운 정보를 배포하더라도 모순된 정보를 그냥 주입시킬 수는 없지 않을까요? 기존에 브레인 칩에 쌓여 있던 정보를 통째로 날려 버리는 프로그램을 만들면 어떨까 제안을 했어요."

"네, 그렇지 않아도 고민하던 터라 속도를 빨리 낼 수 있었습니다. 자, 여기 완성된 프로그램을 갖고 왔어요."

"문 열어요! 빨리!"

그때 정지민 박사의 다급한 목소리가 들렸다. 황급히 문을 열어 보니 그가 이정암 박사를 어깨에 들쳐 메고 서 있었다.

"내가 연락을 받고 시골 요양원으로 갔을 때 이정암 박사는 이미 코마 상태였네. 하지만 거기 그대로 두어선 안 될 것 같아, 이곳으로 일단 데리고 왔어. 끝까지 우리와 함께 있어야 할 것 같아서 말이지……."

모두들 놀라 입을 다물지 못했다. 그에게 업혀 있는 이정암 박사는 마치 죽은 듯 축 늘어져 있었다. 안타까움과 놀람도 잠시, 상황이 너무 촉박했다.

"자, 드디어 마지막 밤이다. 실수하지 말고 시작하자. 축하는 오늘이 지나고 하자고!"

관장님이 외쳤다.

"알겠습니다!"

우리는 P2P 사이트와 SNS, 그리고 각종 포털 사이트에 업로드할 수 있도록 파일을 대기시켜 놓았다.

쿵쿵쿵! 쿵쿵쿵!

"누구지? 더 올 사람이 없는데……."

쾅!

내가 밖을 확인하러 가는데 갑자기 굉음이 들렸다. 이어서 권은빈이 소리쳤다.

"업로드 대기시켜 놓은 정보 외에 나머지 파일은 모두 챙기세요! 정 박사님! 지금 당장 모든 파일을 이 USB에 넣어 주세요!"

"알겠네!"

정지민 박사가 신속하게 움직였다.

"업로드 준비시켜 놓았던 정보가 각 인터넷 사이트로 전송 완료

되면 모두 뒷문으로 이동할게요! 다들 서둘러 주세요. 빨리요!"

우리는 각자 짐을 챙기고 마지막 정리 중인 정지민 박사를 기다렸다.

"다 됐네. 하하하."

"지금 여유롭게 웃고 있을 시간이 없습니다. 서둘러 탈출해야 합니다."

"급할수록 돌아가란 말이 있지 않나. 그동안 수고 많았네. 반란군들."

"?"

반란군이라니? 우리는 당황할 수밖에 없었다. 그렇다면 정지민 박사가 우리를 배신했다는 얘긴가? 순간 사고가 정지하는 듯했다. 그동안 어려움을 함께해 왔던 일들이 주마등처럼 스쳤다. 아버지의 오랜 동료이자 친구로 나를 더욱 살갑게 대하던 분이었는데……. 그때 전산팀 동료가 먼저 밖으로 나가려던 정지민 박사에게 달려들었다.

"너 이 자식! 정체가 뭐냐!"

"거기 그대로 가만히 있는 게 좋을 거다. 움직이면 알지?"

어느새 정지민 박사는 총을 꺼내 들고 있었다. 우리는 그 자리에 얼어 버렸다.

"모두들 놀랐겠지? 그러나 조용히 있는 게 좋을 거야. 내 진짜 모습이 궁금한가? 정보를 통제해 전 세계를 하나로 만들려던 우리 모나크에겐 큰 고민이 하나 있었지. 우리가 하나의 거대한 제국을 만들기 위해서는 사람들이 문제의식을 못 느끼게 하는 것이 중요해. 그러기 위해서는 민주주의라는 개념 자체를 없애 버리는 작업이 필요했고."

"그것 때문에 우리를 이용해 왔던 겁니까?"

"하, 더 들어 보겠나? 모나크 직원은 이미 브레인 칩 시술을 받아서 민주주의 개념 자체를 잃어버린 지 오래였어. 그래서 민주주의에 대한 개념을 탑재하고 있는 사람을 수소문해 찾고 있었지. 바로 너희처럼 브레인 칩 시술을 받지 않은 자들. 그래야 우리가 원하는 바를 이룰 수 있을 테니까. 너희는 우리 모나크 과학자들이 해야 할 방대한 양의 정보 분류도 훌륭히 이뤄 냈어. 이때가 오기만을 기다리고 있었다."

"도대체 배신의 끝이 어디입니까!"

"하하하. 지금 문밖에는 모나크 경호팀이 와 있다. 나에게 나머지 데이터를 넘기고 모두 투항하면, 윽……."

그가 이야기를 마치기도 전에 돌연 눈을 뜬 이정암 박사가 그의 뒤통수에 USB를 꽂았다. 그는 게거품을 물고 쓰러졌다. 도서관 정문에서 모나크 경호팀이 일사불란하게 움직였다.

"박사님! 깨어나신 겁니까?"

"긴말할 시간이 없습니다. 지금입니다. 서두르시죠!"

관장님이 이정암 박사를 부축하고 먼저 뒷문으로 빠져나갔다. 나는 정지민 박사가 들고 있던 데이터 가방을 챙겨 그 뒤를 쫓았다. 도서관에서 멀어지자 저마다 안도의 한숨을 내쉬었다.

"그런데 박사님, 도대체 어떻게 돌아오신 건가요?"

"저들이 새로운 브레인 칩을 이식해 내 기억을 조작했지만 깊은 무의식에서 우리가 하나씩 나눠 가졌던 USB를 꽂으라고 외치더군요. 발작처럼 깨어나 무의식의 명령대로 USB를 꽂았어요. 그러고는 곧바로 코마 상태에 빠졌어요. 그런데 그때 마치 꿈처럼 무의식 안에 갇혀 있던 어릴 적 읽은 동화와 소설, 철학 책이 마구 떠오르는 겁니다. 꿈과 희망이 있는 사회에 대한 간절한 바람이 물밀듯이 솟구치더군요. 내가 이렇게 누워 있으면 안 되겠구나, 모나크가 지배하는 세상으로부터 벗어나야 한다는 생각이 가슴을 세게 내리쳤어요."

"그러셨군요. 얼마나 답답하셨을까요."

"그러다가 어느 순간 눈이 번쩍 뜨였습니다. 모나크의 감시를 피해 인터넷에 접속했어요. 코마 상태에서 보인 책의 올바른 데이터를 최대한 찾아서 그걸 이 USB에 보충했어요. 그러곤 다시 제 브레인 칩에 꽂았더니 더 이상 코마 상태에 빠지지 않았어요."

"천만다행이었네요."

"가까스로 정신을 차릴 수 있었습니다. 그런데 그때 정지민 박사가 찾아왔어요. 그는 제가 여전히 코마 상태인 줄 알고, 문밖에서 저를 감시하던 사람들과 자연스럽게 대화를 나누더군요."

"박사님은 그때 눈치를 채셨군요."

"네, 그들끼리 나눈 대화를 엿듣게 되었어요. 그래서 그가 모나크 쪽 사람인 걸 알고 코마 상태에 빠진 것처럼 계속 누워 있었죠. 그가 거길 빠져나가면 저도 어떻게든 탈출할 생각이었는데, 저를 데리고 여기로 왔지 뭡니까. 그 과정에서 모나크와 통화하는 걸 듣고 일을 벌이려는 그의 계획을 알게 됐지요. 저들은 지금 우리가 구축해 놓은 정보가 시급한 상황이에요. 저들을 피해 빨리 움직여야 해요."

"워크숍 카페로 갑시다. 오히려 그곳이 더 안전할지 몰라요."

"네, 도서관은 곧 폭파될 거예요. 이미 손을 써 놨습니다. 각자 정해진 이동 루트를 통해서 헤쳐 모입시다."

우리는 빠르게 워크숍 카페로 이동한 뒤 바로 셔터를 내렸다.

"언제 발각될지 모르니 바로 업로드 시작할게요!"

우리는 각자의 노트북으로 각종 포털 사이트와 P2P 사이트를 중심으로 브레인 칩 정보 제거 프로그램, 우리가 구축한 올바른 정보, 이정암 박사의 USB 정보를 업로드하기 시작했다. 시작한 지 10분도 안 돼서 검색어 순위에 '올바른 정보', '모나크', '민주주의'와 같은 단어가 올라갔다. 포털 사이트는 모나크의 기사로 도배가 되기 시작했다.

'올바른 정보'가 일깨워 준 모나크의 정보 독재

오늘 오후 8시 38분부터 '디마크러시'라는 집단이 '올바른 정보'라는 이름의 파일을 각 포털 사이트에 업로드 했다. 사람들은 다운로드를 받기 시작했고, 그 속에는 올바른 민주주의에 대한 내용이 들어가 있었다. 그동안 모나크는 민주주의와 관련된 정보를 모두 조작했고, 자신들이 정보를 독점하고 있다는 인식 사제를 할 수 없도록 사람들을 세뇌시켰다. 그러나 이제 전 세계 사람들은 그들의 실체를 전부 알았고, 그들의 독재에 저항하는 대열을 형성하기 시작했다.

"여러분, 성공한 것 같습니다. 하지만 여기서 그치면 안 됩니다. 지금부터는 모나크에 대항하기 위해 앞으로 우리가 무엇을 해야 하는지를 알리는 겁니다!"

나는 SNS에 글을 올리기로 했다.

'모나크는 브레인 칩을 통해 우리의 몸과 마음을 지배해 왔습니다. 여러분, 우리는 반성해야 합니다. 우리는 로봇이 아닙니다. 살아가면서 끊임없이 고민하고, 부딪히는 인간입니다. 지식과 지혜는 돈 몇 푼으로 얻을 수 있는 것이 아닙니다. 넘어지고 일어나 한 걸음 내딛는 인간이라는 것을 모나크에게 보여 줍시다."

내 글은 순식간에 퍼져 나갔고, 사람들은 모나크라는 회사에 대해 파헤치기 시작했다. 독고재의 횡포, 살해된 과학자와 WANR 운동의 인물들이 세상 밖에 드러나면서 모나크는 법의 심판을 피하기 어렵게 되었다.

"이 정도면 성공적인 것 같죠?"

권은빈이 말했다.

"그래도 방심하긴 일러요. 모나크의 독고재 회장과 확실히 담판 짓는 일이 남았어요."

"맞아요. 그럼 지금 당장 모나크로 갈까요?"

"그럽시다. 함께 갑시다."

그녀와 나는 서둘러 밖으로 빠져나왔다. 이미 모나크 본사는 기자와 경찰로 둘러싸여 아수라장이었다. 우리는 사람들로 빽빽한 그 속을 뚫고 회장실이 있는 층으로 올라갔다. 회장실 앞에도 기자들이 진을 치고 있었다. 경찰은 물밀듯이 밀려오는 사람들을 통제하느라 정신이 없었다. 방송국 사람들이 카메라와 마이크를 들고 분주히 움직이는 걸 보니 아마도 독고재의 기자 회견이 준비되고 있는가 보았다. 그 틈을 타서 우리는 뒷문을 통해 회장실 안으로 진입했다.

"어, 이상하네?"

"회장실 문이 활짝 열려 있어요."

"불까지 꺼져 있는 걸 보면 자리를 비운 것도 같고."

"기자 회견을 한다고 언론과 경찰을 속이고 벌써 자취를 감췄을 지도 모르겠군요."

어둠 속을 두리번거리고 있는 우리를 향해 차가운 불빛이 비춰졌다. 불빛에 갇혀 상대적으로 더 어두워 보이는 주위를 살피고 있을 때, 익숙한 목소리가 들렸다. 그였다, 독고재 회장.

"자네들 생각보다 유능하군. 하하하. 내 예상을 훨씬 뛰어넘었어."

그의 목소리는 덤덤하면서도 여전히 힘이 넘쳤다.

"내가 졌어. 인정하지. 그러나 여한은 없네."

"자리를 피할 시간이 충분하셨을 텐데. 왜 그대로 계시나요?"

"도피라……. 내가 지금 가면 어디로 가겠나? 내가 건설하고자 한 모나크 제국의 꿈이 무한히 연기된 지금 말일세."

"뭐라고요? 방금 연기됐다고 하셨나요? 연기된 게 아니라 꿈이 박살 난 걸 아직도 모르시나 본데요?"

지금까지 들어 본 목소리 중 가장 차갑게 권은빈이 독고재를 향해 말했다.

"그렇게 흥분하지 말게. 아니야, 연기가 맞아."

"언론과 경찰이 밖에 진을 치고 있다고요. 이제 곧 체포될 일만 남았는데, 어째서 연기라고 고집하시나요?"

"모나크 없는 나는 정보도 없고 기술도 없는 외딴섬에 불과하네. 낡은 육신에 갇힌 한낱 허약한 생명체일 뿐이지. 나의 직원, 나의 회사 없이 혼자서는 꼼짝을 못하지. 내 꿈은 훗날 김무준이 이뤄 줄 걸

세. 난 여전히 그렇게 믿고 있어."

"김무준이요? 김무준은 모나크의 기동대가 저희를 급습하기 전 오히려 도망갈 기회를 줬습니다. 그런 사실을 알고 계신가요? 김무준은 회장님이 그리 신뢰할 만한 사람이 아닐지도 모릅니다."

"내가 그걸 모를 것 같나? 그가 오히려 당신들에게 도망갈 기회를 줬기 때문에 나는 그를 더욱 믿게 되었다네. 자네도 알다시피 본래 김무준은 중국 대기업의 후계자였네. 그러나 그의 생각은 정말 나와 꼭 같았지. 미래를 보는 눈, 제국에 대한 야망. 그가 모나크에 입사 지원했을 때 먼저 만나서 많은 이야기를 나누었지. 나는 그의 생각을 재차 확인했고, 우린 최종적으로 《법의 정신》에 대해 토론했지."

그는 몽테스키외의 생각 즉 '정치적 자유를 보장하는 법'이 아니라, 잘 돌아가는 기계처럼 움직이는 국가를 만들기 위해서는 법의 정신과 전쟁을 벌여야 한다고 확신에 차서 말했다고 했다. 법을 없애기 위해선 똑같이 법을 이용해야 한다고 말이다.

"나도 똑같은 생각을 하고 있었네. 그래서 그에게 브레인 칩을 이식하겠냐고 물었지. 그는 흔쾌히 받아들였어. 우리는 세계 역사 속에 있던 모든 법조항 정보를 그에게 이식해 주었고 덕분에 그는 빠른 속도로 모나크 제국이 탄생하기 위해 필요한 법전을 정비하기 시작했네. 그러던 어느 날 그가 말했지. 만일 자신의 브레인 칩이 해킹돼서 자신의 신념과 모순되는 정보가 들어오면 자기가 어찌 되는지 실험해 보고 싶다고 말이야."

독고재 회장은 그를 잃고 싶지 않았기 때문에 극구 말렸지만, 결국 그의 고집을 꺾을 수가 없었다.

"모나크의 중앙 정보 관리실에는 내 허락 없이 접근하기 힘든 방이 있네. 그건 바로 비밀 데이터로만 보관되어 오던 사상서가 가득한 곳이지. 우리는 그 데이터를 전부 그의 브레인 칩에 넣었지. 그러자 즉시 코마 상태에 빠지고 말았지. 하지만 이내 깨어난 그는 자네들에게 한 번은 도망갈 기회를 주는 게 어떻겠냐고 묻더군. 자네들의 혁명이 성공하면 세상이 당분간 시끄러워질 테고, 오히려 그 혼란이 브레인 칩이 지배하는 세상을 더 확고하게 해 줄 거라고 말했지. 그 사이에 브레인 칩을 더 강화해서 하루빨리 제국의 법을 사람들에게 배포하자고도 했지."

이미 그의 계획이 실패했는데도, 독고재 회장은 여전히 김무준을 신뢰하고 있었다. 아니 현실을 받아들이고 싶지 않은 건지도 모른다.

"회장님, 지금 김무준이 어디 있는지 아십니까?"

"그게 무슨 소린가?"

"그는 회장님과 모나크를 뛰어넘어 더 큰 독재 제국을 꿈꿨습니다. 그 욕심이 지나쳐 모나크가 보유하고 있는 정보를 자신의 브레인 칩에 모두 넣었습니다. 지금 그는 다시 코마 상태에 빠진 채 우주를 유영 중이란 말입니다."

"이제 그만 허황된 꿈에서 깨어나십시오!"

"그가 살아 있으니 끝날 때까지 끝난 게 아니지……."

그는 아주 낮은 목소리로 속삭이듯 이렇게 덧붙이고는 그대로 바닥으로 고꾸라졌다. 금세 그의 피부가 파랗게 변색되었다. 독을 먹은 듯했다.

"경찰! 119!"

우리가 쓰러진 그를 회장실 밖으로 데리고 나오자 대기하고 있던 기자들이 득달같이 달려들었다. 그가 병원으로 이송되는 과정은 전 세계로 전파되었다. 카메라가 그를 계속해서 따라붙었고, 검찰이 독고재의 신병 확보를 위해 동행했다. 그를 이송하는 대열이 시야에서 사라지자마자 기자들의 시선이 우리에게로 쏠렸다.

"모나크의 독재 계획을 저지한 분들이시죠? 그의 독재를 저지시킨 소감이 어떠십니까?"

"저희는 이 싸움이 아직 끝나지 않았다고 생각합니다."

권은빈의 대답에 이어서 내가 말했다.

"모나크의 회장이 사라진다고 해서 앞으로 사람들의 정치적 자유를 빼앗고 전제 국가를 만들려는 시도가 없으리라는 보장이 없습니다. 돈이나 기술이나 힘을 독점하면 언제든 다른 사람을 지배하고 싶어 하는 욕망이 우리 마음속 깊이 있는 한 제2, 제3의 독고재가 나오지 않으리라는 확신이 없습니다. 우리는 몽테스키외의 정신을 이어받아 돈이나 기술이나 힘이 어느 한 사람, 혹은 어느 한 집단에 집중되지 않도록 권력을 늘 분산시키고 견제함으로써 다시는 독재의 시도가 역사 속에서 반복되지 않도록 해야 합니다. 우리 모두 '올바른 정보'를 잃어버리지 않도록 깨어 있었으면 합니다. 우리는 로봇이 아닙니다! 우리의 삶은 우리가 선택해야 합니다."

불꽃놀이처럼 터지는 플래시 세례 속에서 우리에게 순식간에 전 세계인의 시선이 쏠렸다.

'운명의 날'로부터 1년이 흘렀다. 도서관이 폭파된 자리에 새로운 건물이 들어섰다. 아버지의 이름을 그대로 딴 '한동한 기념 도서관'. 모나크에 죽음으로 맞선 아버지를 기리기 위해 국립 도서관으로 건립되었다. 모나크의 몰락 이후 브레인 칩에 들어가는 정보의 관리 감독이 철저해졌다. 그러나 왜곡된 정보에 대한 사람들의 불안감으로 오히려 독서 인구가 늘어났다. 정부에서도 도서관 수를 차츰 늘려 나가기 시작했다. 나는 이제야 비로소 제자리로 돌아온 듯했다.

아버지의 도서관 개관일, 하객이 북적였다. 관장님께서 내 어깨를 세게 두들기며 말씀하셨다.

"자네 복싱 대회서 연달아 우승하는 것도 모자라 독서광 타이틀까지 꿰차겠구먼!"

그간 한 가지 변화를 더 꼽자면 복싱을 본격적으로 시작해 꽤 큰 대회에서 여러 번 우승을 한 것이다. 물론 권은빈에게만큼은 늘 져 주긴 하지만.

그녀가 다가온다.

"축하해요. 이제 한동한 박사님의 한이 풀리시지 않을까요?"

"고마워요. 아마도 그럴 것 같아요."

나는 대답을 하면서 도서관을 올려다봤다. 햇빛에 눈이 부시다.

"선생님! 도서관이 아주 멋져요!"

멀리서 담이가 소리치며 달려온다. 폴짝 안기는 녀석 뒤로 휠체어에 타고 계신 담이 어머니가 보인다. 우리를 보며 흐뭇하게 미소를 짓고 계신다.

"선생님, 그동안 잘 지내셨어요? 선생님 소식은 뉴스를 통해 접했어요. 선생님, 저는 이제 엄마랑 같이 살게 됐어요. 엄마를 로보시아에서 모시고 왔어요."

모나크가 망하고 모나크 특별법도 폐지됐다. 담이는 곧장 엄마가 계신 로보시아로 달려갔다. 로보시아는 그사이 모나크로부터 독립해 자치 공화국을 설립했고, 모나크 특별법으로 인해 끌려온 사람들을 집으로 돌려보내기로 했다. 담이 엄마는 로보시아에서 브레인 칩 시술을 받고 로봇의 몸을 하고 살아가고 있었다. 하지만 엄마는 여전히 담이 곁으로, 우리 대한조선민국으로 돌아오길 원했다고 한다. 엄마는 따뜻한 아들 손을 1초라도 더 만지고 싶어 했다. 아들이 없는 세상에서 영원히 그 슬픈 기억을 갖고 사는 로봇의 삶을 택할수는 없다고 말이다.

"엄마랑 부둥켜안고 한참을 울다가 이렇게 함께 돌아왔어요."

"잘했다."

나 말고도 모든 게 제자리를 찾는 듯했다. 그렇지만 나는 종종 김무준이 살아 돌아오는 꿈을 꾼다. 다시 독재로 돌아가는 꿈. 그럴 때마다 《법의 정신》을 펴 들곤 한다. 담이에게도 그 이야기를 들려주 었다.

"선생님이 어느 대목을 펼치셨을지 저도 알 것 같아요."

"한 시민에 있어서 정치적 자유란 각자가 자기의 안전에 관해 가 지는 의견에서 유래되는 정신의 안정이다. 그리고 이 자유를 가질 수 있기 위해서는 한 시민이 다른 시민을 두려워할 이유가 없는 정체여 야만 한다!"

담이와 나는 동시에 이 구절을 외쳤다. 그리고 또 외쳤다.

"대한조선민국은 민주 공화국이다! 대한조선민국 주권은 국민에 있고, 모든 권력은 국민으로부터 나온다! 모든 국민은 인간으로서의 존엄과 가치를 가지며, 행복을 추구할 권리를 가진다! 국가는 개인 이 가지는 불가침의 기본적 인권을 확인하고 이를 보장할 의무를 진 다!"

"우리 이 헌법 정신을 꼭 지켜 가자!"

주먹을 굳게 쥔 담이의 다부진 눈매가 굳은 결심으로 빛났다.

부록

몽테스키외는 프랑스 계몽 사상가이자 정치 철학자로, 1689년 보르도 근처 라 브레드에서 프랑스 귀족 출신 아버지와 영국 출신 어머니에게서 태어났다. 포도주 생산 및 포도 재배로 부유한 가정에서 자라 어려서부터 계몽적이고 근대적인 교육을 받았다. 1708년 그는 보르도 대학 법학부를 졸업하고 보르도 고등법원 소속의 변호사 자격을 얻는다. 이후 법률학을 실제 경험하기 위해 파리로 진출해 변호사 생활을 하다가, 아버지가 돌아가시자 보르도로 돌아온다.

1716년 그의 나이 스물일곱에 큰아버지인 보르도 고등법원장 장 바티스트가 죽자 그 뒤를 이어 영지, 작위, 관직을 모두 상속받아 보르도 고등법원장직을 수행하기에 이른다. 그러나 소송 업무에 취미가 없던 그는 보르도 아카데미 회원이 되어 회고록을 집필하는 등 학문에 더 많은 관심을 두었다. 그가 연구한 학문은 법뿐만 아니라, 역사, 종교, 해부학, 식물학, 물리학 등으로 광범위했다.

이후 오래 지나지 않은 1721년 자신의 교양과 비판적 기지를 십분 발휘하여 쓴 서간체 소설 《페르시아인의 편지》를 익명으로 발표한다. 페르시아인 두명이 프랑스를 여행한다는 설정으로 이들 눈을 통해 프랑스 문화와 루이 14세에 대한 비판, 프랑스 여러 사회 계급 행태를 조롱하는 내용 등을 담고 있다.

이 익명의 저자가 바로 몽테스키외라는 사실이 밝혀지면서 그는 유명세를 타기 시작한다.

경제적 안정도 마련하고, 사회적 인정도 받았지만 그는 관직을 팔고 파리로 이주해 다른 길을 찾아 나선다. 이어서 긴 시간에 걸쳐 오스트리아, 독일, 이탈리아, 헝가리, 영국 등 유럽 각국을 여행하면서 자신의 저술 계획과 대표작들을 구상한다. 이러한 여정에서 싹튼 비판 정신으로 수많은 저작을 남겼는데, 그중 가장 유명한 것이 《로마 성쇠 원인론》과 그의 주저 《법의 정신》이다. 《로마 성쇠 원인론》은 《법의 정신》의 서막과 같은 작품으로 로마의 건국부터 터키인에 의한 콘스탄티노플 점령까지, 고대 로마 제국이 거쳐 온 영광과 쇠락의 여정을 잘 보여 주고 있다.

《법의 정신》은 그가 20년 이상 집필에 몰두해 완성한 필생의 대작으로, 몽테스키외가 살았던 시대를 이해하는 것은 《법의 정신》이 가지는 의의를 파악하는 데 큰 도움이 된다. 그는 '태양왕'이라는 별명을 가진 루이 14세가 죽고 난 뒤의 혼란스러운 시기에 청년기를 보낸다. 루이 14세는 직접 발레를 할 정도로 문화와 예술을 사랑했고, 프랑스 절대 왕정의 상징인 인물이다. 그는 화려하기로 유명한 베르사이유 궁전을 지은 뒤, 귀족을 모두 궁전으로 들였다. 저마다의 궁에서 각자 세력을 갖추고 있던 귀족을 모두 모아 놓고 그들이 자신의 눈치를 보며 살도록 했다. 이로써 귀족의 권한은 약화되고 왕의 권한은 극도로 강화된다.

루이 14세는 전쟁을 통해 패권을 장악하려는 의도를 가지고 있었는데, 집권 후반기에 영국과 치른 전쟁에서 크게 패하고 만다. 몽테스키외는 루이 14세의 전쟁을 통한 패권 장악에 반대했고, 군주권의 극단적인 강화에 반대하여 《법의 정신》을 쓰게 되었다. 평화와 자유 속에서 번영하는 국가를 꿈꾸었던 몽테스키외는 사회 구성원의 정치적 자유를 최대한 보장하기 위해서는 행정부가 모든 것을 독단적으로 결정하지 않는 권력 분립, 즉 행정부, 입법부, 사법부의 삼권 분립이 필요하다는 것을 역설한다. 역사를 가로지르며 다양한 사회와 법의 관계를 방대하게 보여 주고 있는 것이다.

몽테스키외는 '인간은 누구나 권력을 쥐면 그것을 남용하는 경향이 있다'는 사실을 확인했다. 권력이 권력을 제어할 수 있어야만 모든 시민의 자유가 보장될 수 있기에 시민 사회의 한 부분이 다른 부분을 두려워하지 않고 서로 서로 견제하면서도 긴밀하게 연관해서 돌아가는 체계를 마련할 필요가 있다고 생각했다. 그래서 입법, 집행, 사법의 각 권력은 법 제정의 권한과 동시에 거부 권한이라는 이중 기능을 소유해야 한다고 보았다. 그래야 권력의 어떤 쪽도 일방적으로 법을 제정할 수가 없고, 설혹 그런 시도가 일어나더라도 권력의 다른 쪽이 거부권 행사로써 이를 저지할 것이라고 생각했다.

그는 정치적 자유란 각자가 자신의 안전에 대해서 가질 수 있는 견해와 이로부터 오는 마음의 평온으로서, 이 자유를 보장할 수 있는 게 법이라고 보았고, 이를 법의 정신이라고 한 것이다. 따라서 '자유는 원하는 모든 것을 행할 수 있는 권리가 아니고 법이 허용하는 모든 것을 행할 수 있는 권리'라고 이야기했다. 또한 법이 시민의 일상생활에 직접적인 영향을 미치고 정부는 또 이들 법을 통하여 시민 전부에게 자유를 확보해 주어야 한다고 생각했다. 이렇듯 법과 삼권 분립을 통해 시민의 자유를 보호해야 한다는 생각은 오늘날에도 여전히 소중하게 지켜 가야 할 정신이다.

하지만 《법의 정신》에 대한 세간의 비판과 옹호가 계속됐고, 소위 '《법의 정신》 논쟁'으로까지 이어졌다. 결과적으로 로마 교황청의 금서 목록에 올라 판매 금지되었으나, 출간 후 2년 동안에 22판이나 찍는 대단한 성과를 거둔다. 이 책을 출간할 당시 예순 살이던 몽테스키외는 과로로 거의 실명 상태였고, 건강이 악화되는 가운데서도 1750년 《법의 정신을 옹호함》을 출간하는 등 열정적으로 집필에 임했으나 이 책은 로마에서도 판매 금지가 되고 만다. 이후 1755년 그는 파리에서 폐렴으로 안타까운 생을 마감했다.

샤를 루이 드 스콩다 몽테스키외 생애

● 1689

1월 18일, 보르도 인근의 라 브레드 성에서 태어남.

● 1696

어머니 마리 프랑수아 사망, 유산과 라 브레드의 남작 지위를 상속받음.

● 1700

오라토리오 종파의 자유주의 교육 학교인 쥬이 중학교에 입학.

● 1705

쥬이 중학교를 마치고 보르도 대학에서 이후 3년 동안 법률을 공부함.

● 1708

졸업 후, 보르도 고등법원 소속의 변호사 자격을 얻음.

● 1709

파리로 진출, 변호사 생활을 함.

● 1713

아버지 자크 드 스콩다의 사망으로 다시 보르도로 돌아옴.

● 1714

보르도 고등법원의 평의관이 됨.

● 1715

26세에 부유한 신교도의 딸인 잔 드 라르티크와 결혼하여 훗날 2남 1녀의 자녀를 둠.

● 1716

큰아버지의 뒤를 이어 보르도 고등법원장이 됨. 평의관직을 팔고 장관에 취임함.

● 1721

《페르시아인의 편지》를 익명으로 발간하여 일대 파문을 일으킴. 파리 사교계에 드나들고, 보르도 아카데미에서 3년 동안의 성과인 「박물학적 관찰」 발표.

● 1727

문필에 뜻을 두어 관직을 팔고 파리로 이주함.

● 1728

대단한 독서가인 그는 공석 중인 아카데미 프랑세즈 회원에 출마하여 1월 24일 회원으로 선출됨. 아카데미 프랑세즈 회원은 '불멸의 지성'으로 불리는 프랑스 지성의 지도자임.

● 1728

4월부터 장기간의 유럽 여행을 계획하여 오스트리아, 헝가리, 이탈리아, 독일, 네덜란드 등을 여행함.

● 1729

영국으로 건너가 2년간 머물면서 정치적 자유의 여러 조건에 관하여 고찰함과 동시에 방대한 자료 수집.

● 1734

그동안의 연구 업적인 《로마 성쇠 원인론》을 발표.

● 1743

라 브레드 성으로 돌아와 자연과 서적에 둘러싸여 장기간의 연구 끝에 불후의 명저인 《법의 정신》의 초고 완성. 체력이 고갈되고 눈병이 악화되었으며, 재정 궁핍까지 겹친 악조건 속에서도 《법의 정신》을 손질.

● 1748

세부적인 수정을 거듭하여 드디어 《법의 정신》 발간. 출판 후 칭송이 빗발치고, 계몽주의의 승리라는 찬사가 쏟아짐.

● 1752

3월 22일 로마 교황청이 《법의 정신》을 금서로 지정. 신학부는 《법의 정신》을 이단으로 판결.

● 1754

만년을 고향에서 보내기로 결정하고 짐을 정리하기 위해 파리로 갔다가
파리에서 유행성 감기 악화.

● 1755

66세로 사망. 다음 날 생트 쉬르피스 교회 본당에 묻힘.

1. 작품 속 등장인물 담이는 엄마를 로보시아로 강제로 보낸 '모나크 특별법'에 대해

   울분을 토로합니다. 그 이유는 무엇인가요? 1장 참고

2. 몽테스키외는 《법의 정신》에서 제1의 자연법부터 제4의 자연법까지 다루고

   있습니다. 각각은 무엇을 의미할까요? 3장 참고

3. 몽테스키외의 자연법 논의와 홉스의 자연법 논의 간의 차이와, 그 차이로 인해

생각할 수 있는 법의 차이는 무엇인가요? 3장 참고

4. '디마크러시' 사람들 중 일부는 《법의 정신》을 읽고 몽테스키외를 귀족주의자라고

이야기합니다. 그들은 왜 그렇게 생각했을까요? 7장 참고

5. 《법의 정신》의 핵심 사상을 요약하면 무엇이라고 할 수 있을까요? 요컨대 법이란

무엇일까요? 7장 참고

* 읽고 풀기의 PDF는 blog.naver.com/totobook9에서

다운로드 받을 수 있습니다.

1. 담이는 선택권을 빼앗는 법은 진정한 법이 아니라 법이 없는 전제 국가와 같다고
   느낍니다. 시민의 자유를 보장하지 않는 사회는 법이 다스리는 것 같아 보여도
   사실은 독재자가 다스리는 것과 다름없다고 말이지요. 법은 자유와 대립하는 게
   아니라는 생각이 반영된 울분입니다.

2. 제1의 자연법은 인간이 나약한 존재여서 서로 공격하지 않는 평화로운 상태를
   말합니다. 제2의 자연법은 나약한 인간이 자기 보존을 위해 먹을 것과 쉴 곳을
   찾는 상태입니다. 제3의 자연법은 이성 간의 끌림과 사모하는 마음입니다. 제4의
   자연법은 사회생활을 하고자 하는 욕망입니다. 인간이 자연 상태에서 보이는
   규칙을 말하는 게 자연법입니다.

3. 몽테스키외는 인간의 자연 상태가 평화라고 이야기합니다. 반면 홉스는 인간의
   자연 상태가 전쟁과 폭력이라고 이야기하지요. 만일 법체계가 완전히 바뀌어야
   하는 상황이 된 경우, 몽테스키외 식으로 생각하면 법이 없어도 인간은
   자연 상태에서 평화로우므로 현행 법체계에서 다음 법체계로 변화할 때에도
   자연스럽게 변경이 가능합니다. 반면 홉스 식으로 생각하면 현행법에서 다음
   법체계로 넘어가야 하는 사이에 인간이 전쟁 상태이므로 법의 공백이 있어서는

곤란하다는 함축이 따라 나오게 되지요.

4. 몽테스키외가 《법의 정신》을 출판할 당시 프랑스는 절대 왕정 사회였고, 태양왕 루이 14세는 귀족 세력을 견제하며 군주권을 강화하고자 했습니다. 그 유명한 '짐이 곧 국가다.'라는 말을 기억한다면 귀족도 그러한 왕권과 대립하며 자신의 권력을 강화하려는 의지가 있었다고 짐작할 수 있겠지요. 이런 상황에서 귀족으로 태어난 몽테스키외가 귀족 계급의 입법권을 보호하고 군주를 견제하기 위해 삼권 분립을 주장했다고 볼 수도 있습니다. 그리고 행정부를 담당하는 군주가 입법부를 담당하는 귀족의 견제를 받아야 한다는 주장을 펼쳤다고 생각해 볼 수 있겠지요.

5. 《법의 정신》의 핵심 사상은 행정, 입법, 사법의 삼권 분립입니다. 삼권 분립이 필요한 이유는 '시민의 정치적 자유' 때문이지요. '정치적 자유'란 자기의 안전에서 나오는 '정신적 안정'입니다. 한 시민이 다른 시민을 두려워할 이유가 없을 때 정치적 자유를 가질 수 있다는 것이지요. 이런 정치적 자유가 없는 곳이 바로 전제정의 사회입니다. 몽테스키외는 '법이란 사물의 본성에서 유래하는 필연적 관계이고, 세상 삼라만상의 관계를 이성적으로 설명하는 것'이라고 했습니다. 몽테스키외는 지금까지 정치 체제가 '공화정, 군주정, 전제정', 이렇게 세 개의

정체로 구분된다고 했지요. 전제정은 법이 없는 곳이고, 공화정과 군주정은 법이

있는 곳입니다. 몽테스키외는 군주정을 옹호하는 것 같기도 하지만 공화정의

장점도 인정하고 있습니다. 몽테스키외는 법에 의해 다스려지지 않는 전제정을

비판하면서, 군주정이든 공화정이든 법에 의해 다스려지는 곳이 좋은 정체라고

생각했습니다. 전제정은 '공포'를 원리로 유지됩니다. 전제 군주만 자유롭고 다른

모든 사람은 부자유스러운 곳이 바로 전제정의 사회입니다. 반면 공화정이나

군주정에는 법과 질서가 있습니다. 삼권 분립으로 서로가 자신의 자유를 조금씩

제한하면서 모든 사람이 똑같이 자유로운 사회가 바로 법이 지배하는 사회이며,

그게 바로 '법의 정신'입니다.